Blockchain

Die revolutionäre Technologie erklärt. Das System, ihre Anwendungen und Gefahren.

Dr. Peter Steger

Inhaltsverzeichnis

Das Internet der Dinge und der Werte

Das Internet ist an sich noch nicht so alt, doch ihm steht eine Revolution bevor. Der Name dieser Revolution ist Blockchain. Warum aber ist die Blockchain eine Revolution und was ist eigentlich eine Revolution? Eine Revolution heißt nichts anderes, als etwas komplett zu erneuern, es umzukrempeln, das Bestehende zu nehmen und es in etwas anderes zu verwandeln. Die Blockchain ist dazu in der Lage, sie kann das Internet in etwas Neues verwandeln. Doch um das zu verstehen, muss man erst einmal einen Schritt zurückmachen.

Wer eine Revolution verstehen will, muss das Alte mit dem Neuen, die Situation vor und nach der Umwandlung vergleichen. Das ist jedoch bei der Blockchain nicht einfach, denn erstens ist die Revolution, die die Blockchain bringt, nicht abgeschlossen und zweitens gibt es eine Menge Mythen, die sich um die Blockchain ranken. Daher muss man damit beginnen, alles stückchenweise zu unterteilen und sich dem Neuen aus der Perspektive des Alten zu nähern.

Beginnen wir mit dem Alten. Das Alte ist das Internet der Dinge. Das Internet der Dinge bezeichnet einfach das altbekannte Internet. Dieses Internet selbst war eine Revolution und es ist noch immer jung. Es hat sich aber bereits etabliert und entwickelt und es hat sich von dem entfernt, was es eigentlich sein sollte.

Das Internet der Dinge ist im Wesentlichen ein Internet der Informationen. Das war auch der Urgedanke hinter dem Internet. Es sollte Informationen frei und allgemein zugänglich machen. Das brachte viele Vorteile.

1

Dr. Peter Steger

Man stelle sich einen Studenten vor 50 Jahren vor. Jede Hausarbeit war eine ungemein komplizierte Aufgabe. Man musste sich durch Bibliothekskataloge wälzen. Die benötigten Bücher waren dann noch oft ausgeliehen und sie waren sehr dick und bezogen sich nur mit einem kleinen Abschnitt auf das eigene Problem.

Man stelle sich ein kleines Unternehmen vor 50 Jahren vor. Werbung war teuer. Sie bestand aus Radio- und TV-Spots. Dazu kamen Plakate und Anzeigen in Zeitungen. Während diese Werbung nicht nur teuer war, bot sie nur wenig Raum, um Informationen an den Kunden zu bringen.

Man stelle sich eine Familie vor 50 Jahren vor. Der Ehemann wollte ein neues Auto, der Sohn brauchte ein neues Fahrrad, Töchterchen brauchte neue Sachen und die Ehefrau wollte ein neues Rezept ausprobieren. Der Ehemann musste sich auf Bücher für die Automarke, auf Anzeigen für den Händler und seine Freunde für Empfehlungen verlassen. Für den Sohn ging es ins nächste Geschäft, ohne eine echte Chance, sich zuvor zu informieren. Das Töchterchen kannte nicht die neuen Modetrends und die Ehefrau brauchte ein Rezeptbuch.

Wie aber sieht das Ganze heute aus? Heute gibt es das Internet mit Google und Co. Hier kann der Student praktisch alles finden. Anstatt in die Bibliothek zu gehen und Bücher zu wälzen, werden die PDFs heruntergeladen. Auch wenn man hin und wieder doch noch in ein Buch schauen muss, kennt man die Titel schon aus dem Internet, ebenso das Kapitel, in das man schauen muss und wahrscheinlich sogar die genaue Seitenzahl. Für den Unternehmer bietet sich die Möglichkeit, sein Unternehmen nicht nur zu verlinken und zu bewerben.

Blockchain

Ein Unternehmer kann sein Unternehmen mit der ganzen Produktpalette oder dem kompletten Serviceangebot auf seine Homepage stellen und Kunden umfassend informieren. Das macht nicht nur einen besseren Eindruck, das ist auch noch sehr günstig.

Wie sieht es mit der Familie heute aus? Papa kann sein Auto bei einem Onlinehändler günstig finden. Er kann Beschreibungen und Reviews lesen und dann seine Auswahl treffen. Selbst einen Händler in der nächsten Stadt kann er ohne Probleme mit Anschrift und vorrätigen Fahrzeugen recherchieren. Für den Sohn gilt das Gleiche. Die Fahrräder können online verglichen werden. Dort findet man auch das eine oder andere Sonderangebot und obendrauf noch den nächsten Händler. Töchterchen kann die neuesten Modetrends einsehen und sich informieren, bevor sie in den Laden geht. Sie kann die Läden online finden und auch Mama kann jede Menge Rezepte kostenlos googeln. Allen ist geholfen.

Wenn man sich das so vorstellt, dann hat das Internet sein Ziel erreicht. Es hat die Welt vernetzt und jeder kann alle Informationen finden und herunterladen. Das Internet ist damit ein Garant der Freiheit, denn Unterdrückung braucht Unwissenheit. Warum also sollte man das Internet revolutionieren wollen?

Die Antwort ist einfach: Weil es die ursprüngliche Idee komplett verdreht hat und nur noch eine Perversion dieser Idee darstellt. Während es oberflächlich so aussieht, als habe das Internet die Menschheit mit freien Informationen beglückt, hat es Machtstrukturen geschaffen und die freien Informationen durch den gläsernen Menschen ersetzt.

Dr. Peter Steger

Die Wandlung des Internets von einem freien Informationsangebot in ein zentralisiertes System ist im Grunde genommen sogar eine völlig natürliche Folge des Wesens Internet. Das Internet kommt nicht einfach nur so aus der Luft. Das Internet bedarf einer Infrastruktur. Diese Infrastruktur besteht aus Servern und natürlich den Programmen und obendrein noch den Programmierern, die alles zum Laufen bringen.

Jetzt muss man sich nur einen Augenblick lang zurücklehnen und sich selbst zwei Dinge fragen. Erstens, was ist ein Server und zweitens, warum sollte jemand einen Server zur Verfügung stellen?

Die Antwort auf die erste Frage ist im Grunde genommen einfach. Ein Server ist ein Computer. Dieser Computer muss praktisch permanent online sein. Dieser Computer muss schnell sein, um die diversen Anfragen der Internetnutzer zeitnah zu bedienen. Dieser Computer muss genug Speicherplatz haben, um eine große Menge Daten bereitzuhalten und dies auch noch so, dass man schnell auf sie zugreifen kann. Um diese Anforderungen zu bedienen, braucht man nicht einfach nur einen Computer, man braucht ein Netzwerk aus Computern. Diese Netzwerke werden auf sogenannten Serverfarmen bereitgestellt. Diese bestehen aus Räumen voller Regalen und auf jedem Regal tummeln sich dutzendweise Computer.

Die Antwort auf die zweite Frage ist auch sehr einfach. Niemand würde eine große Computerleistung, das heißt, viele schnelle Computer mit schnellen Prozessoren und einem großen Speicherplatz, einfach nur so aus Menschenfreude zur Verfügung stellen. Die Kosten für diese Infrastruktur sind riesig. Es ist ein Geschäft. Die Serverfarmen verdienen damit Geld und aus diesem Profitstreben entstehen große und starke Rechenzentren. Diese Entwicklung bringt jedoch ihre Folgen, diese sind sowohl positiv, als auch negativ.

Der wichtigste positive Punkt ist die Verfügbarkeit des Internets für theoretisch jedermann. Das kleine Unternehmen, das seine eigene Webseite möchte, braucht keinen eigenen Server. Es mietet nur ein wenig Leistung von einer Serverfarm und kann seine Webseite mit deren Software auf deren Speicher erstellen und lagern und diese Webseite ist für die anderen Nutzer des Internets jederzeit erreichbar.

Die Serverfarmen bringen viele weitere Annehmlichkeiten. Jeder kann sich einen Internetprovider aussuchen und online gehen. Es gibt Suchmaschinen, die das Finden der gewünschten Seiten erleichtern. Es gibt Plattformen, auf denen man etwas bestellen kann, sprich Amazon und Co. Es gibt Facebook usw. Die Serverfarmen und die Plattformen machen das Internet zu dem, was es heute ist.

Die negative Seite aber sind Machtmonopole. Diese gibt es in gleich mehrfacher Hinsicht. Als Erstes muss man sich, wenn man mit einem Provider online gehen will, identifizieren. Es gibt also kein anonymes Surfen. Viele, vermeintlich kostenlose Informationen, kommen mit einem Preis. Dieser Preis besteht in mehrfacher Hinsicht. Als Erstes bezahlt man Geld, um online gehen zu können. Dann bezahlt das Unternehmen für seine Webseite einen Preis und schlägt diese Kosten prompt auf den Preis für seine Produkte oder seinen Service. Jede Suchanfrage, die man eintippt, gibt Informationen über einen selbst preis und diese Informationen werden für Marketingzwecke benutzt. Hier hört das Ganze aber noch lange nicht auf.

Starten wir noch einmal mit dem Unternehmen. Dieses Unternehmen muss einen Server anmieten. Dort muss es sich identifizieren und dort muss es Regeln befolgen. Es gibt keine Richter, außer dem Provider selbst. Die Provider sichern sich nämlich in ihren Verträgen das Recht, ihren Service bei schwerwiegenden Regelverstößen zu verweigern beziehungsweise zu kündigen. Wenn also die Serverfarm, der Provider der Homepage, entscheidet, dass das Unternehmen gegen die Regeln verstoßen hat, dann kann dieser Provider die Homepage ganz einfach schließen.

Gehen wir aber ein Stück weiter. Sagen wir, Papa, der ein neues Auto möchte, will auch gleich noch sein eigenes Auto verkaufen. Er kann dies online erledigen, doch er muss sich dafür auf entsprechenden Seiten anmelden, einen Obolus entrichten und deren Regeln befolgen.

Wer auch immer etwas im Internet erledigen will, muss sich dabei drei Dinge bewusst sein. Als Erstes hat man dort kein Hausrecht. Die Serverfarmen, Provider und Plattformen sind es, die die Regeln bestimmen und diese Regeln sind mitunter recht undurchsichtig. Man verstößt dann vielleicht nur deswegen gegen diese Regeln, weil man sie nicht kennt oder versteht. Zweitens muss man für jeden Service bezahlen und sei es auch nur damit, dass man seine eigenen Informationen preisgibt. Diese Informationen werden dann für deren Zwecke benutzt, auch dann, wenn man selbst das eigentlich nicht möchte. Drittens haben die Serverfarmen, Provider und Plattformen das Recht, einem jeden Einzelnen ihren Service zu verweigern. Wenn man also einmal gegen ihre Regeln verstoßen hat, auch wenn man es weder wollte noch sich dessen bewusst war, dann ist man draußen.

Jetzt könnte man eigentlich hier mit der Aufzählung der negativen Dinge aufhören. Es kommt aber noch etwas hinzu, was eigentlich außerhalb des Internets liegt, wenn auch die Abgrenzung nicht immer so eindeutig ist. Das Andere sind die Banken und andere Finanzdienstleister.

Das Internet ist eigentlich eine gute Sache, auch wegen beziehungsweise trotz der manchmal bedenklichen Machtstrukturen. Diese Machtstrukturen werden dem Einzelnen oftmals nicht so bewusst, da man als Otto-Normalsurfer davon nicht unbedingt so betroffen ist. Betroffen sind oftmals Unternehmen oder Hobbyverkäufer auf eBay und Co. Dennoch gibt es den Bereich der Finanzinstitute, der weltweit gesehen erhebliche Bedenken bringt und erhebliche Probleme brachte.

Die Banken haben eine ausgesprochene Machtstellung. Das Internet ermöglichte eine nie da gewesene Kommunikation. Jemand in Deutschland kann ohne Probleme einen Onlinekauf in Japan durchführen. Eine Firma in Japan kann ohne Probleme ein Geschäft in den USA abschließen. Naja, nicht ganz ohne Probleme, wie man gleich sehen wird.

In Deutschland ist ein Finanztransfer kein Thema. Die Banken sind vernetzt. Eine Überweisung geht schnell und ist kostenlos oder kostet nur einen absolut lächerlichen Betrag. Wie aber sieht eine Überweisung nach Japan aus? Wie verhält es sich mit einer Überweisung nach Nigeria? Letzteres erscheint etwas weit hergeholt, doch dort entwickeln sich viele Unternehmen, die dieses Land für deutsche Firmen interessant machen.

Die Antwort ist, die Überweisungen dauern lange und sind kostspielig. Je nach Land und überwiesenem Betrag kann so etwas schon einmal eine Woche dauern und über 100 € kosten. Das Internet ist dabei keine Hilfe. Man kann zwar gern an Internetbanking denken, doch hier ist immer noch eine Bank involviert, was Verzögerungen und Kosten bedeutet.

An dieser Stelle nun bringt die Blockchain ihren ersten, bedeutenden Nutzen. Im Internet der Dinge, im alten Internet, konnte man kein Geld verschicken. Selbst PayPal bedeutet, dass man einen Dienstleister benutzt. Internetbanken bedeutet noch immer Banking. Man versendet also kein Geld, man gibt nur einem Finanzdienstleister einen Zahlungsauftrag, den dieser dann ausführt.

Die Blockchain erlaubt nun, das direkte Versenden von Werten. Daher trennt sie das Internet in das alte Internet der Dinge und das neue Internet der Werte. Was aber bedeutet das?

Es bedeutet, dass damit gleich zwei Probleme auf einmal gelöst werden. Die Blockchain erlaubt das Versenden von Werten, damit braucht man keine Finanzdienstleister. Man kann sich also die Wartezeit und die Gebühren sparen. Auch eine Blockchain hat Gebühren für einen Finanztransfer, doch diese sind nur äußerst gering und absolut nicht mit den Gebühren der Banken zu vergleichen.

Die Blockchain erlaubt aber noch mehr. Das Versenden der Werte ist nämlich nicht alles, was die Blockchain bringt. Sie erlaubt auch das Erschaffen von Werten. Dieses Erschaffen wiederum bringt Rechenleistung in die Blockchain in einem Prozess, der Mining genannt wird. Die Miner sind dabei zwei Dinge auf einmal. Sie sind die Server der Blockchain und mit ihrer Servertätigkeit erschaffen sie neue Werte in Form von neuen Coins. Damit wird die Macht der Serverfarmen gebrochen. Anstatt weniger Serverfarmen kann es beliebig viele Miner geben. Im Grunde genommen kann jeder ein Miner werden und dabei verdienen, auch wenn das in der Praxis weit komplizierter ist.

Die Blockchain ist aber weit mehr als nur eine E-Mail für Geld. Sie erlaubt das Erstellen von Verträgen. Normalerweise ist es schwer, im Internet einen Vertrag auszuhandeln, denn man braucht immer noch eine Unterschrift und jeder kann sich für jemanden anders ausgeben. Die Blockchain jedoch erlaubt das eindeutige Zuordnen von Handlungen und Verträgen und deren automatisierte Bezahlung. Damit wird es wirklich problemlos möglich für ein Unternehmen in Japan, einen Vertrag mit einem Unternehmen in den USA abzuschließen und diesen auszuführen. Damit bricht die Blockchain die Macht der Plattformen, der eBays, der App-Stores und all derer, die bis jetzt das Arbeiten und das Handeln im Internet allgemein zugänglich gemacht haben.

Die Blockchain ist dabei eine Idee, eine Revolution für das Internet, denn sie erlaubt ein wirklich dezentrales Netzwerk. Dieses dezentrale Netzwerk kann den gläsernen Menschen durch allgemein zugängliche Informationen ersetzen. Sie kann das Medium für Verträge und für Geschäfte sein. Wie weit dies aber in der Praxis wirklich möglich ist und ob die Blockchain wirklich eine Zukunft hat, wird in diesem Buch genauer besprochen, zusammen mit den Gefahren und einem möglichen Ende dieser Technologie, in ihrer jetzigen Form, ohne diese jedoch komplett zu verbannen.

Die Blockchain

Die Blockchain ist, kurz gesagt, ein Speichermedium. Eine Blockchain speichert alles, was in ihrem Netzwerk vorgeht. Jede einzelne Aktion oder Transaktion, jeder Transfer, alles, was irgendwie getan oder vorgenommen wird, wird gespeichert. Die Speicherung erfolgt als ein sogenannter Block. Dieser Block wird berechnet. Dabei bekommt er eine Prüfsumme, damit er fälschungssicher ist. Dann wird dieser Block mit seiner Prüfsumme an die bestehende Blockchain angehängt. Damit ergibt sich eine Kette aus Blocks, was im Englischen zu dem Namen Blockchain, Chain für Kette, führte.

Dieses Netzwerk, diese Blockchain, hat ihre besonderen Eigenschaften, die sie für verschiedene Anwendungen interessant macht. Die erste und wichtigste Eigenschaft ist die totale Demokratie. Das Wort Demokratie scheint ein wenig fehl am Platz, doch wenn man sich die Blocks bei ihrer Entstehung anschaut, dann versteht man es.

Jeder neue Block, der an die Blockchain angehängt wird, verlängert diese. Damit ist die Entstehung der Blockchain, ihr Wachstum als Prozess, niemals abgeschlossen. Das Demokratieprinzip kommt genau hier zum Tragen.

Wie schon angeführt, erhält jeder Block eine Prüfsumme. Diese Prüfsumme enthält aber nicht nur die Informationen aus diesem Block, sondern auch Informationen aus dem vorangegangenen Block. Der nachfolgende Block nimmt ebenfalls Informationen aus dem aktuellen Block in seine Prüfsumme auf. Daraus entsteht eine Blockchain, die unveränderlich ist. Will man einen Block fälschen, dann muss man auch den vorangegangenen Block ändern und damit auch dessen Vorgänger und immer so weiter. Jede Fälschung muss also bis an den Anfang der Blockchain durchgeführt werden, ansonsten funktioniert sie dank der Demokratie nicht.

Die Demokratie in der Blockchain funktioniert nach dem sogenannten Konsensprinzip. Jeder Teilnehmer in der Blockchain kann die gesamte Blockchain einsehen. Damit ist es möglich, alle Blocks und alle Prüfsummen zu verifizieren. Das bedeutet, dass jeder, absolut jeder, in der Blockchain eine Fälschung entlarven kann. Alle Teilnehmer haben also eine Stimme und eine Fälschung wird nicht lange verborgen bleiben, denn niemand kann die komplette Blockchain fälschen. Da dies nicht möglich ist, wird man mit einem Vergleich der Prüfsummen schnell entdecken, wenn ein Block gefälscht ist. Jeder kann die Blockchain auf Fälschungen untersuchen. Damit kommt die Demokratie als Konsensprinzip zum Tragen und die Blockchain selbst wird fast einhundert Prozent fälschungssicher. Fast, denn es gibt eine Chance, dies zu umgehen, indem man die Stimmenmehrheit bekommt. Dazu aber im Kapitel Sicherheit mehr.

Die Demokratie kommt auch in einem weiteren Sinne zum Tragen. Jeder kann ein Miner werden. Die Miner sind es, die die Blocks und die Prüfsummen berechnen. Sie verifizieren und genehmigen alle Aktionen und sie sind es, die die Blockchain mit neuen Blocks verlängern und sie damit pflegen. Die Miner sind damit die Buchhalter des Systems. Sie ersetzen die alten Serverfarmen und liefern der Blockchain die benötigte Rechenleistung.

Das Demokratieprinzip beziehungsweise das Konsensprinzip bedarf aber einer wichtigen Voraussetzung. Jeder muss alles einsehen können. Das bedeutet totale Transparenz. Diese Transparenz ist gegeben, denn jeder Teilnehmer kann die gesamte Blockchain überprüfen. Selbst wenn man 2017 der Blockchain beitritt, kann man sie bis an den Anfang ihrer Entstehung zurückverfolgen, auch wenn der Anfang schon viele Jahre zurückliegt.

Die totale Transparenz bringt aber noch mehr. Dank der Transparenz kann niemand einen gefälschten Block einfügen. Gleichzeitig kann aber auch niemand etwas vorgaukeln, was nicht stimmt. Die Blockchain wird als ein Internet der Werte bezeichnet, weil man damit Werte in Form von digitalem Geld bewegen kann. Dieses digitale Geld wiederum bedeutet, dass man innerhalb der Blockchain Waren und Dienstleistungen bezahlen kann. Transparenz bedeutet, dass jeder einsehen kann, wer über wie viele Geldmittel verfügt. Damit kann niemand vorschwindeln, er sei zahlungskräftig, wenn er in Wahrheit pleite ist.

Totale Transparenz mag nun den einen oder anderen abschrecken. Schließlich laufen wir nicht herum und tragen unseren Kontostand auf unserer Stirn zur Schau. Der Durchschnittsbürger mag es nicht, wenn jeder weiß, wie viel Geld er in seinem Portemonnaie hat. Natürlich gibt es aber auch hier eine Rettung. Die Blockchain verbindet zwei komplett unvereinbare Systeme, das eine ist die totale Transparenz und das andere ist die Anonymität.

Mitunter möchte man ja eine Zahlung anonym vornehmen. Das geht gut mit Bargeld, doch das war es auch schon an Optionen.

Blockchain

Will man Geld verschicken oder will man per Kreditkarte bezahlen, braucht man dafür diverse Voraussetzungen. Als Erstes muss man sich dafür in einer Bank oder einem Finanzinstitut ausweisen beziehungsweise seine persönlichen Informationen angeben. Dann werden diese Informationen bei einer Überweisung oft auch gleich noch mitgeliefert. Anonymes Geld im Internet gibt es eigentlich nicht.

Die Blockchain jedoch schafft es, Anonymität nicht nur zu liefern, sondern diese auch mit totaler Transparenz zu verknüpfen. Das geht ganz einfach. Wenn man Teilnehmer in einer Blockchain wird, dann muss man sich nicht identifizieren. Alles, was man braucht, ist ein Pseudonym. Jeder Teilnehmer wird also in der Blockchain von einem Pseudonym repräsentiert. Manch einer hat sogar mehr als nur ein Pseudonym. Den wahren Namen, der hinter dem Pseudonym steht, kennt jedoch niemand. Damit ist die Anonymität gewahrt, denn die Person ist unbekannt, und Transparenz gegeben, denn man kann alle Aktionen jeden Pseudonyms verfolgen.

Jeder kann ein Miner werden und jeder kann alle Aktionen überprüfen. Das bringt ein dezentrales Element in die Blockchain. Dazu kommt der Transfer von Werten. Zusammengenommen bedeutet dies, dass die Macht der alten Strukturen gebrochen wird. Man braucht keine Serverfarmen mehr. Die Blockchain lebt von ihren Minern. Daher gibt es keine zentralisierten Provider, die den Zugang zum Netzwerk regulieren und kontrollieren.

Weiterhin erlaubt der Versand der Werte es, ohne ein Bankinstitut auszukommen. Man braucht also keine langen Wartezeiten und horrenden Gebühren. Die Versendung der digitalen Coins geht schnell vonstatten und kostet nur eine minimale Gebühr.

Die Blockchain ist unveränderlich. Ist ein Block einmal angehängt, dann ist er verifiziert und hat eine Prüfsumme. Diese Prüfsumme enthält Informationen über den vorhergehenden Block. Man kann also keinen Block verändern, ohne auch alle vorhergehenden und nachfolgenden Blocks ebenfalls ändern zu müssen. Diese Unveränderlichkeit öffnet den Weg für neue Anwendungen, die weit über das pure Versenden von Werten hinausgehen.

Hält die Blockchain vielleicht noch eine böse Überraschung für uns bereit? Manchmal kann man das mit Software nie wissen. Diese kann geheime Hintertüren haben oder bestimmte Funktionen aufweisen, die eigentlich nicht im Sinne des Nutzers sind. Die Blockchain ist mit digitalen Werten verbunden. Diese Werte können recht erheblich sein. Der Bitcoin zum Beispiel bringt es schon auf Tausende von Euros. Hier können Hintertürchen und versteckte Funktionen besonders schmerzhaft sein. Die Transparenz der Blockchain ist jedoch total. Das schließt die Blockchain selbst mit ein. Ihr gesamter Code ist offen einsehbar. Sollte sich dort etwas Bösartiges verstecken, dann hätte man es längst gefunden. Soweit kann man der Blockchain also vertrauen.

Wie die Blockchain funktioniert

Nun wurden schon so viele Worte über die Blockchain verloren. Sie trennt das alte Internet der Dinge von dem neuen Internet der Werte. Mit ihr kann man Werte versenden. Sie ist ein Speichermedium und sie vergisst nichts, ist transparent und anonym zugleich und sie ist fälschungssicher. Wie aber funktioniert sie?

Will man die Funktion der Blockchain verstehen, denn ist es am besten, sie sich wie einen Ringordner vorzustellen. Dieser Ringordner ist dazu da, alle Aktionen innerhalb der Blockchain festzuhalten. Er stellt also das Transaktionsbuch dar. Jedes Blatt repräsentiert eine Aktion. Jeder Block der Blockchain ist ein Blatt in dem Ringordner.

Um dieses Bild zu komplettieren, muss man sich diesen Ringordner in einem Großraumbüro vorstellen. Dort sitzen viele Angestellte und am Ende des Büros sitzt eine Reihe von Prüfern. Jeder Prüfer hat einen Locher. Jeder Angestellte in dem Büro repräsentiert einen Teilnehmer an der Blockchain. Jeder Prüfer mit seinem Locher repräsentiert einen Miner. Der Ringordner repräsentiert die Blockchain und die Blätter repräsentieren die Blocks.

Beginnen wir am Anfang. Der erste Nutzer der Blockchain beginnt damit, digitale Coins zu schürfen. Nennen wir den ersten Nutzer einfach Nutzer A. Nutzer A, schürft digitale Coins. Daraus ergibt sich die erste Aktion. Nutzer A ist ein Miner, denn nur diese schürfen digitale Coins und damit ist er ein Prüfer. Der erste Prüfer nimmt jetzt ein

Blatt Papier und schreibt darauf:

A schürft 10 Coins

Dieses Blatt Papier legt Nutzer A neben den Ringordner. In der Block-chain bedeutet dies, dass eine Aktion in das Netzwerk gesendet wird. Jetzt kommen die Prüfer und schauen sich das Blatt an. Das repräsen-tiert die Miner, die die Aktion überprüfen und genehmigen. Einer der Prüfer schafft es als Erster, die Prüfsumme zu berechnen. Er nimmt in unserem Beispiel einen Locher und stanzt die Löcher für den Ringord-ner in das Blatt. In der Blockchain bedeutet dies, dass er die Prüfsum-me an den Block hängt. Mit dieser Prüfsumme wird der Block an die Blockchain angehängt. In unserem Beispiel werden die eingestanzten Löcher benutzt, um das Blatt in den Ringordner einzuheften.

Jetzt möchte Nutzer A seine Coins transferieren. Er möchte sie an Nutzer B senden. Wieder nimmt er ein Blatt Papier und schreibt darauf diese Transaktion. Diese sieht dann so aus:

A sendet 10 Coins an B

Dieses Blatt legt Nutzer A wieder neben den Ringordner. Wieder kom-men die Prüfer und schauen, ob alles stimmt. Ist das Blatt richtig und es befinden sich keine Fehler darauf, nimmt der schnellste der Prüfer seinen Locher und stanzt die Löcher zum Einheften in das Blatt und heftet es in den Ordner. Der Ordner, also die Blockchain, hat dann zwei Blätter und sieht so aus:

A schürft 10 Coins

A sendet 10 Coins an B

Blockchain

Jeder in diesem Raum, jeder Teilnehmer an der Blockchain, kann zu diesem Ordner gehen und sich jedes Blatt ansehen, egal ob es eingeheftet ist oder noch neben dem Ordner liegt. Jeder kann also sehen, ob etwas nicht in Ordnung ist. Sollte etwas einmal nicht stimmen, dann kann derjenige, der es sieht, es sofort allen im Raum sagen. Damit ist das Konsensprinzip gewahrt.

Nutzer B möchte jetzt etwas in einem Onlineshop kaufen. Dort bezahlt er mit digitalen Coins. Was er kaufen möchte, kostet ihn 5 Coins. Also macht er eine Transaktion. Er schreibt den Transfer auf sein Blatt Papier und bringt dieses Blatt nach vorn zu dem Ordner. Dieses Blatt sieht dann so aus:

B sendet 5 Coins an C

Die Prüfer gehen zu dem Blatt und schauen, ob alles richtig ist. Wenn es richtig ist, machen sie wieder die Löcher an den Rand und heften es in den Ringordner. Der Ringordner, und damit die Blockchain, sehen dann so aus:

A schürft 10 Coins

A sendet 10 Coins an B

B sendet 5 Coins an C

A sieht jetzt das Gleiche in dem Onlineshop von C. Er möchte es kaufen und muss dazu 5 Coins transferieren. Er schreibt die Transaktion auf ein Blatt Papier. Das Blatt sieht dann so aus:

A sendet 5 Coins an C

Dieses Blatt bringt A jetzt zu dem Ringordner. Dort kommen wieder die Prüfer und schauen es sich an. Sie vergleichen die Aktion mit den anderen Aktionen in dem Ringordner. Dort haben sie diese Einträge:

A schürft 10 Coins

A sendet 10 Coins an B

B sendet 5 Coins an C

Danach hat A 10 Coins geschürft und diese an B gesendet. A hat also keine Coins mehr. A kann also nicht 5 Coins an C senden. Die Prüfer finden diesen Fehler. Sie lochen nicht das Blatt und sie heften es nicht in den Ringordner. Stattdessen nehmen sie dieses Blatt und werfen es weg.

Die Sicherheit der Blockchain bleibt also gewahrt. Weil jeder alle Aktionen nachverfolgen kann, weiß auch jeder, wer über welche Menge an Coins verfügt. Diese Information kann nicht später geändert oder ignoriert werden. So kann niemand sein Geld doppelt ausgeben oder Geld in die Blockchain einbringen, welches er nicht hat.

In der Realität sieht der Prozess sehr viel komplizierter aus, doch die wesentlichen Schritte entsprechen dem hier entworfenen Bild. Wenn jemand eine Transaktion ausführt, dann sendet dieser sie in die Blockchain. Dort warten die Miner, die Prüfer, um sie zu verifizieren. Verfügt der Teilnehmer über die Coins und ist die Transaktion auch in allen anderen Bereichen richtig, dann finden die Miner eine Prüfsumme. Diese Prüfsumme wird an die Transaktion geheftet und es ist ein neuer Block entstanden. Diesen Block sendet der erfolgreiche Miner nun wiederum in die Blockchain, wo alle anderen Teilnehmer sie an ihre Kopie der Blockchain anhängen.

Als Teilnehmer muss man nicht permanent online sein, um

nichts zu verpassen. Die Miner halten die Blockchain immer auf dem neuesten Stand. Wann immer man dann selbst online geht, erhält man ein Update für die Blockchain. So wird sichergestellt, dass die gesamte Blockchain bei allen Teilnehmern gleich aussieht und den wahren Stand der Dinge repräsentiert.

Der Treibstoff der Blockchain

Zwei Dinge wurden in diesem Buch schon angedeutet, das Erste ist der Grund für die Serverfarmen und das Zweite sind die Coins. Bringen wir diese beiden Stücke doch ganz einfach einmal zusammen.

Die Serverfarmen aus dem alten Internet der Dinge haben ihre Dienste nicht aus Menschenfreundlichkeit angeboten. Es geht knallhart um Geld und ums Geschäft. Sie investieren in ihre Rechenleistung, sie investieren in ihre Sicherheit, ihre Mitarbeiter, ihre Programme und dafür wollen sie einen Profit sehen. Das ist auch nichts Verwerfliches, wenn man von der dabei entstehenden Machtstruktur einmal absieht.

Die Serverfarmen aus dem Internet der Dinge gibt es als solche in der Blockchain nicht mehr beziehungsweise in einer neuen Form. Das liegt an der Betrachtungsweise. Doch wenn man es sarkastisch sehen möchte, dann sind die großen Cloudminer die neuen Serverfarmen. Mehr über die Cloudminer gibt es gleich.

In der Blockchain, im Internet der Werte, treten die Miner an die Stelle der Serverfarmen. Die Miner stellen ihre Rechenleistung der Blockchain zur Verfügung. Dafür müssen aber auch die Miner in Rechenleistung, Programme und IT-Infrastruktur investieren. Für dieses Investment wollen sie einen Profit sehen. Auch das ist durchaus menschlich und dieser Profit soll ihnen nicht verwehrt bleiben.

Die Miner sind aber nicht unbedingt auf Gebühren angewiesen. Sie können Gebühren erheben und das tun sie auch, doch wie hoch diese Gebühren ausfallen, bleibt ihnen überlassen. Bisher sind die Gebühren niedrig, denn der Profit der Miner kommt nicht aus diesen Gebühren. Die Miner schürfen Geld. Wann immer sie einen Block für die Blockchain erstellt haben, erhalten sie dafür eine Entlohnung in Coins. Diese Coins werden jedoch nicht den Teilnehmern an der Blockchain oder der Blockchain selbst entnommen. Diese Coins sind neu erstellte Coins. Das ist es, was das Mining beziehungsweise das Schürfen bedeutet. Die Rechenleistung der Miner wird mit den neuen Coins bezahlt. Damit sind die neuen Coins der Grund, warum die Miner ihre Arbeit aufnehmen. Sie sind der Treibstoff der Blockchain, denn sie bringen die Miner und treiben sie zu ihrer Arbeit an. Sie bringen die Infrastruktur in die Blockchain. Keine Coins, keine Blockchain, zumindest in ihrem bisherigen Zustand.

Jetzt hat bestimmt jeder schon einmal von dem Bitcoin gehört. Der Bitcoin ist ein solcher digitaler Coin, der die Blockchain antreibt. Geschrieben wurde die erste Blockchain mit dem Bitcoin von Satoshi Nakamoto. Interessanterweise ist dieser Name nur ein Pseudonym und niemand weiß, wer dahintersteckt. Es ist noch nicht einmal bekannt, ob es sich dabei um eine Person oder um eine Gruppe handelt.

Der Bitcoin wurde mit einer Idee und aus einer Notwendigkeit geboren. Die Blockchain, die den Bitcoin ermöglicht, ist als solche begrenzt. Sie ist einzig darauf ausgerichtet, den Bitcoin als Coin zu ermöglichen. Sie bringt dem Bitcoin seine Eigenschaften als eine sogenannte Kryptowährung. Dank seiner Blockchain kann der Bitcoin existieren, gelagert und transferiert werden. Mit dem Bitcoin hatte das Internet der Werte begonnen.

Die Idee hinter dem Bitcoin war es, die Macht der Finanzinstitute zu brechen. Geld sollte anonym, schnell und günstig transferiert werden können. Damit hatte der Bitcoin auch seinen echten Wert. Ein Banktransfer dauert Tage, der Transfer von Bitcoins nur Sekunden. Ein Banktransfer kostet viele Euros, ein Transfer von Bitcoins jedoch nur einen verschwindet kleinen Betrag. Der Siegeszug des Bitcoin hatte begonnen. Mehr und mehr Internetnutzer wurden auf diese Währung aufmerksam. Dies löste erst einen Höhenflug und dann einen regelrechten Hype aus.

Am Beginn konnte man Bitcoins für wenige Cents erwerben. Heute steht der Kurs bei über 3.000 € für einen Bitcoin. Händler akzeptieren diese Währung als Zahlungsmittel. Internetbörsen und -wechselstuben erlauben einen Handel mit der Währung beziehungsweise ein Umtauschen von Euros zu Bitcoins und umgedreht.

Ein solcher Höhenflug kann aber nicht unbeachtet bleiben. Beachtung bringt nicht nur immer mehr Teilnehmer am Bitcoin selbst, sie bringt auch Nachahmer. Diese Nachahmer haben aber den Bitcoin nicht einfach nur kopiert, sie haben auch Verbesserungen eingeführt.

Der Erste, der neuen Coins, war der Ethereum. Der Ethereum geht viel weiter, als der Bitcoin. Die Blockchain des Bitcoins ist nur das Medium des Bitcoins, sie ist nur für den Bitcoin da. Beim Ethereum ist es anders herum. Der Ethereum, als Coin ist für die Blockchain da. Das liegt an der unterschiedlichen Philosophie hinter den Coins. Der Bitcoin soll die Macht der Banken brechen. Damit geht es hier nur ums Geld. Der Ethereum soll die Macht der Serverfarmen und Plattformen, wie Amazon und eBay, brechen. Der Ethereum soll ein dezentrales Netzwerk schaffen. Dort soll jeder seinen eigenen App-Store haben, seine eigenen Bücher oder seine eigene Musik veröffentlichen und schlicht jede Aktion und Transaktion wie außerhalb des Internets vornehmen können.

Die Blockchain des Ethereums muss, um all diese Ziele erreichen zu können, weit flexibler sein, als die Blockchain des Bitcoins. Der Ethereum brachte Smart Contracts. Dabei handelt es sich um Verträge, die verbunden mit Zahlungen in Ethereum-Token abgeschlossen und abgewickelt werden können. Mit dieser Blockchain kann auch das Urheberrecht von publizierten Büchern und Musiktiteln verfolgt werden. Kurz, jeder kann damit sein eigenes Geschäft im Internet aufbauen. Dort braucht man sich nicht zu identifizieren. Alles wird über Pseudonyme abgewickelt. Gleichzeitig können aber Bücher, Musiktitel, Programme und Ähnliches vor dem Kauf angeschaut und überprüft werden. Der gläserne Mensch wird durch das gläserne Programm ersetzt.

Der Ethereum möchte das Internet als solches revolutionieren und der falschen Entwicklung ein Ende setzen. Es ist also die Philosophie von der unbegrenzten Freiheit, die im Vordergrund steht. Der Ethereum als Coin ist also nicht selbst das Ziel, sondern nur ein Mittel zum Zweck.

Es gibt aber auch Währungen, die sich auf bestimmte Bereiche der Blockchain konzentrieren und nur diese Bereiche weiterentwickeln. Ein Beispiel dafür ist der Dash. Der Dash ist ebenfalls ein digitaler Coin. Hierbei geht es aber weniger um eine Revolution des Internets als solches. Die Blockchain des Bitcoins soll nur in Hinsicht der Anonymität verbessert werden.

Beim Bitcoin kann jeder alles verfolgen und überprüfen. Dennoch ist der Bitcoin anonym, denn es werden nicht die Personen, sondern deren Pseudonyme sichtbar. Das bringt die sogenannte Pseudoanonymität. Dabei ist die Person, nicht das Pseudonym, anonym. Das ist auch auf den ersten Blick ausreichend.

Wer aber Polizist ist oder schon mal anderweitig Ermittlungen angestellt hat, der wird wissen, dass eine solche Anonymität durchbrochen werden kann. Sind alle Aktionen des Pseudonyms nachvollziehbar, dann lassen sich daraus Muster ablesen. Diese Muster, besser gesagt, diese Verhaltensmuster, lassen sich dann echten Personen zuordnen. Das mag ein mühsamer Prozess sein, doch es ist eine Möglichkeit, hinter den Schleier des Pseudonyms zu blicken. Der Dash will nun diese Möglichkeit schließen.

Die Blockchain des Dashs ist zentraler ausgerichtet als die anderen Blockchains. Dort gibt es die Nutzer und die Masternodes. Letztere sind Netzwerkrechner, die eine besondere Funktion ausüben. Die Masternodes suchen nach neuen Transaktionen und genehmigen diese. Damit erfüllen sie die Funktion der Miner. Gleichzeitig können aber nur diese Masternodes die gesamte Blockchain einsehen. Allen anderen Teilnehmern bleibt ein solcher Einblick verwehrt. Damit ergibt sich ein höheres Maß an Anonymität, denn nur die Masternodes können wirklich alle Transaktionen verfolgen.

Der Dash entfernt sich mit dieser Auslegung aber von den wesentlichsten Prinzipien der Blockchain. Die Blockchain sollte Machtstrukturen verhindern, indem ein dezentrales Netzwerk geschaffen wird, in welchem das Konsensprinzip herrscht. Ein Konsensprinzip setzt aber die totale Einsicht, also die Transparenz, voraus. Da jedoch die meisten Teilnehmer am Dash nicht die gesamte Blockchain einsehen können, ergibt sich daraus, dass das Konsensprinzip nicht mehr möglich ist. Gleichzeitig wird ein dezentrales Netzwerk, nicht Machtstrukturen, verhindert. Die Masternodes zentralisieren das Netzwerk und haben damit mehr Macht als die anderen Nutzer. Anstatt Dezentralität wird die Zentralität gefördert, anstatt Machtstrukturen zu verhindern, werden diese noch gefördert.

Ein weiterer interessanter Coin ist der Ripple. Dieser bricht gleich mit fast allen Prinzipien einer Blockchain. Die Blockchain soll ein dezentrales Netzwerk darstellen. Schon der Dash untergräbt dies, doch der Ripple wischt dieses Prinzip glatt vom Tisch. Die ganze Macht liegt bei den Machern des Ripple. Das kommt daher, dass die klassischen Miner im Ripple nicht vorkommen.

Ein klassischer Miner sucht nach neuen Transaktionen. Diese verifiziert er und pflegt er in die Blockchain ein. Zum Dank bekommt er neue Coins. Der Ripple jedoch hat keine neuen Coins. Die gesamten Coins dieser Währung sind erstellt. Die Hälfte davon befindet sich im Besitz der Macher des Coins und die andere Hälfte befindet sich im Umlauf. Die Macher führen dann die zurückgehaltenen Coins dem Markt zu, wann immer ein Bedarf danach besteht. Damit ergibt sich besagte Machtkonzentration.

Der Ripple hat nicht die hehren Ziele des Bitcoins oder des Ethereum, nicht einmal die begrenzten Ziele des Dashs. Der Ripple ist einfach nur ein Hilfsmittel des internationalen Handels. Anstatt langer und teurer Transaktionen und undurchsichtiger Umtauschkurse, möchte der Ripple internationale Geschäfte vereinfachen. Dazu bringt er schnelle Transaktionen zu geringen Kosten. Er ist eine neutrale Drittwährung für Unternehmen, die sich in verschiedenen Währungsräumen befinden und miteinander handeln. Der Ripple ist damit mit einem klassischen Finanzdienstleister zu vergleichen.

Ein kleiner, aber bereits etablierter Coin, ist der Primecoin. Dieser ist ein Coin der Wissenschaft. Alle Miner müssen Berechnungen durchführen, um die Blocks zu prüfen und an die Blockchain anzuhängen. Diese Berechnungen sind bewusst erschwert. Die Berechnungen führen dazu, dass neue Coins geschaffen werden. Die heutigen Rechner sind schnell und könnten damit eine große Menge Coins in kurzer Zeit erstellen. Damit würde der Markt überschwemmt und die Währungen entwertet. Daher wird es den Rechnern nicht einfach gemacht, ihre Berechnungen durchzuführen.

Was logisch klingt, hat jedoch einen unangenehmen Nebeneffekt. Dieser liegt darin, dass die Rechenkraft verschleudert wird. Diese Rechenkraft aber kostet Geld und Strom. Dieser Stromverbrauch bringt aber nichts, außer, dass die Berechnungen nicht zu leicht sind. Der Primecoin kommt mit der Mission, das zu verändern. Der Primecoin erschwert auch das Schürfen der neuen Coins ganz bewusst. Die Berechnungen jedoch werden nicht sinnlos erschwert. Vielmehr müssen die Miner für das Schürfen bestimmte Berechnungen für Universitäten vornehmen. Diese Berechnungen beziehen sich beim Primecoin auf das Finden von Primzahlen und besonders das Finden von Zwillingsketten von Primzahlen. Das Ergebnis wird dann an Universitäten übermittelt, um die mathematische Forschung zu unterstützen. Anstatt also Unmengen an Strom sinnlos zu verballern, bringt der Primecoin die Wissenschaft voran.

Jetzt hört und liest man immer wieder die Worte Coin, englisch für Münze und Kryptowährungen. Beides suggeriert, dass die Coins wirklich Währungen sind. Einige gehen sogar soweit, sie als Währungen der Zukunft zu feiern. Das ist aber vom heutigen Standpunkt mehr als fraglich. Um eine Währung zu sein, müssen die Coins nämlich mehrere wesentliche Eigenschaften aufweisen, die sie aber nicht besitzen.

Als Erstes müssen die Coins bei Geschäften verwendbar sein. Man muss sie also gegen Waren oder Dienstleitungen eintauschen können. Bei Währungen, wie Euro und Dollar ist das kein Problem. In ihrem jeweiligen Währungsraum kann man sie in jedem Geschäft benutzen. Bei den Kryptowährungen ist es aber mehr als fraglich, denn die Anzahl der Händler, die solche Coins akzeptieren, ist sehr begrenzt. Es ist auch nicht so, dass diese Zahl einfach nur zunimmt. Einige Händler haben die Coins als Zahlungsmittel abgesetzt, denn sie schwanken in ihrem Wert einfach zu sehr. Selbst die Händler, die die digitalen Coins akzeptieren, tun dies nur als Zweitwährung. Es ist also nicht das eigentliche Zahlungsmittel. Damit kann man die Coins nicht einfach gegen Waren oder Dienstleistungen eintauschen.

Weiterhin müssen sie eine Zuordnungseinheit sein. Man muss also diesen Währungen einen Wert zuordnen können, der relativ gleich ist. Wiederum ist das bei Euro und Dollar kein Problem, bei den digitalen Währungen ist das aber ebenfalls nicht gegeben. Wenn man in die Läden in der Nachbarschaft geht, werden alle Werte in Euros angegeben. Im Dollarraum erfolgt die Zuordnung in Dollar. In anderen Währungsräumen erfolgt die Zuordnung in den jeweiligen Währungen. Die Coins jedoch dienen nirgendwo als Zuordnungseinheit. Vielmehr bestimmt sich ihr Wert nur danach, welche Anzahl an Euros oder Dollars ihnen zugeordnet wird. In anderen Worten: Sie sind keine, sondern sie brauchen eine Zuordnungseinheit.

Weiterhin müssen diese Währungen einen Wert repräsentieren. Ein Haus repräsentiert einen Wert, denn dahinter stehen die Werte für Grund und Boden und die Werte der Materialien, die zum Bau verwendet wurden. Dazu kommt die Lage, die ebenfalls einen Wert repräsentiert. Ein Haus kann im Wert fallen, doch es wird nie einfach verschwinden.

Euros und Dollars repräsentieren Werte. Diese bestehen in Garantien der Banken, in den Goldtresoren der Staaten und in der gesetzlichen Verwendbarkeit als Währung.

Die Kryptowährungen haben nichts dergleichen. Sie werden einzig deswegen benutzt, weil die Leute, die sie benutzen, an sie glauben. Sie sind also ein reines Fantasiegebilde, das es geschafft hat, gekauft zu werden. Die Leute hoffen darauf, dass diese Währungen zu echten Währungen werden, doch wenn diese Hoffnungen versiegen, und das werden sie mit Sicherheit eines Tages, dann sind diese Coins genau das, was sie von Anfang an waren, ein substanzloses Hirngespinst.

Der Begriff Kryptowährung ist also irreführend. Die digitalen Coins sind keine Währung, denn sie haben nicht die Eigenschaften einer Währung. Sie werden diese Eigenschaften auch nie bekommen, was an Gründen liegt, die in den weiteren Kapiteln genauer erklärt werden. Für die Blockchain jedoch bedeutet das, dass sie lernen muss, ohne die Coins zu leben und zu überleben.

Die Buchhalter der Blockchain

Jedes Netzwerk braucht Server. Die Blockchain ist ein Netzwerk und keine Ausnahme von dieser Regel. Dazu kommt, dass sich die Blockchain von anderen Netzwerken in einem wesentlichen Bereich unterscheidet. Mit ihr können Werte verschickt werden. Damit braucht die Blockchain nicht nur Server, sondern auch Prüfer, in anderen Worten, Buchhalter. Diese müssen sicherstellen, dass alle Transaktionen gemäß den Regeln der Blockchain verlaufen. Die Buchhalter der Blockchain sind ihre Miner.

Der Bitcoin begann damit, dass man den Coin selbst schürfen musste. Dieses Schürfen erfolgt durch verschiedene Berechnungen. Diese Berechnungen dienen der Blockchain selbst, um die Transaktionen zu genehmigen.

Die Blockchain soll schnell sein. Damit stehen die Miner in einem Wettbewerb. Nur der schnellste Miner bekommt Coins. Der Ethereum macht hier eine Ausnahme, dort werden der schnellste und der zweitschnellste Miner mit Coins bedacht.

Das bedeutet, dass die Miner die Transaktionen genehmigen. Ihre Berechnungen, die sie dabei durchführen, bringen ihnen neue Coins, aber nur dann, wenn sie der Schnellste unter den Minern sind. Das ist aber nicht alles. Dazu kommt, dass die Berechnungen mit zunehmender Anzahl an Coins in ihrer Komplexität zunehmen. Damit wird sichergestellt, dass das Angebot an Coins weiterhin begrenzt bleibt. Für den Bitcoin zum Beispiel ergibt das Protokoll ein Schürfen von maximal 21 Millionen Coins. Das soll nach bisherigen Schätzungen bis zum Jahre 2040 dauern.

Am besten lässt sich der gesamte Miningprozess anhand des Bitcoins verdeutlichen. Dieser Coin ist am längsten auf dem Markt und seine Miningoperationen sind bereits sehr komplex.

Angefangen hat das Mining des Bitcoins mit einfachen PCs daheim. Am Anfang konnte man dabei relativ schnell eine gewisse Anzahl an Coins erhalten. Wie gesagt, nur die schnellsten Miner bekommen Coins. Dazu kommt die steigende Komplexität der Berechnungen. Die Miner rüsteten also auf.

Die Miner benutzten am Anfang immer schnellere Rechner und dann bald Regale voller Rechner. Es dauerte jedoch nicht lange und auch diese Regale voller zusammengeschalteter Rechner erfüllten nicht mehr die Anforderungen, um die Berechnungen in einer guten Zeit zu erledigen. Das liegt vor allem daran, dass die Prüfsummen für die Blocks nicht einfach so berechnet werden können. Diese müssen vielmehr nach dem Zufallsprinzip erstellt werden und dann muss geprüft werden, ob sie auch wirklich zu dem Block und dem vorangehenden Block passen. Dazu kommt die Überprüfung der Blockchain selbst, ob die gewollte Transaktion wirklich durchführbar ist, sprich, ob der Entsendende wirklich über die Coins verfügt, die er versenden möchte.

Die Rechenkraft der Computer reichte bald nicht mehr aus. Ein anderer Weg musste gefunden werden. Die Miner begannen bald, die Grafikprozessoren in ihren Computern zu benutzen. Diese können die Berechnungen weit schneller ausführen. Das hatte aber zwei

Nachteile. Grafikprozessoren sind energiehungrig und sie produzieren eine Menge Wärme. Die Rechner mussten also gekühlt werden, was noch einmal mehr Strom fraß. Bald aber reichten auch die Grafikprozessoren nicht mehr aus.

Der nächste Schritt war ein spezieller Chip, der sogenannte ASIC-Chip. Dieser ist genau auf die Berechnungen zugeschnitten. Dieser Prozessor kann also die Berechnungen sehr viel schneller ausführen. Dazu kommt, dass er sparsam im Stromverbrauch ist und nicht so viel Wärme produziert.

Einer dieser Chips war aber nicht genug. Die Miner rüsteten auf und hatten ganze Regale voller Computer, die direkt mit ihren ASIC-Chips auf das Mining von Bitcoins ausgelegt waren. Aber auch das war nicht genug.

Die Miner brauchten Hightech und sie verbrauchten Energie, was alles zusammen Geld kostet. Dieses Geld können sie nur einfahren, wenn sie auch wirklich Blocks erwischen. Sie müssen also schneller als die anderen Miner sein. Damit begann die nächste Stufe der Aufrüstung.

Die Miner schlossen sich in Clouds zusammen. Damit erbrachten sie ihre Rechenleistung in einem gemeinsamen Pool und teilten sich dann die geschürften Coins. Heute kann man sich in einer solchen Cloud mit anderen Minern zusammenschließen oder aber direkt einen Cloudserver mieten. Das klingt gut, doch es ist nicht ganz so gut. Es bringt eine Machtkonzentration und eine Ausweitung des Wettbewerbes beziehungsweise dessen Verengung. Das Problem ist die zunehmende Komplexität der Berechnungen.

Um diese durchführen zu können, erweiterte sich der Wettbewerb, indem neue Umstände hinzukamen und er verengte sich, indem nur noch Miner mit den richtigen Umständen eine Chance haben. Heute lohnt es sich nur noch für Miner, deren Rechenzentrum sich an einem gut geeigneten Platz befindet. Dieser Platz braucht eine natürliche Kühlung. Es sollte also ein möglichst kaltes Land sein. Dazu kommt ein niedriger Energiepreis. Daher haben momentan Miner in China die Nase vorn.

Die Folge dieser Zusammenschlüsse und des Anwachsens der Cloudminer ist eine Zentralisierung der Blockchain. Das aber ist eigentlich gegen die Idee, die hinter der Blockchain steht. Mit der technischen Aufrüstung ist diese Zentralisierung, wie zuvor beim Internet der Dinge, einfach unumgänglich. Momentan ist das gesamte Miningnetzwerk des Bitcoins auf nur drei Cloudminingzentren aufgeteilt und damit noch zentralisierter als die Serverfarmen im Internet der Dinge. Dabei haben selbst diese drei Zentren Probleme damit, sich zu rentieren. Wer einen Cloudserver mieten möchte, wird wahrscheinlich einen Verlust einfahren, denn die Mieten sind hoch und lassen sich kaum durch die geschürften Coins rechtfertigen. Wer ein eigenes Miningzentrum aufbauen will, wird kaum gegen die Cloudminer ankommen und es wird sich auch nicht mehr rentieren.

Wie sieht es mit den Blockchains der anderen Kryptowährungen aus? Der Ethereum ist bereits sehr fortgeschritten. Dennoch lohnt sich der Ethereum noch immer für das Mining. Ein guter Grafikprozessor ist jedoch eine unbedingte Voraussetzung. Wer jetzt daran denkt, die besonderen Chips der Bitcoin Blockchain für den Ethereum zu verwenden, ist auf dem Holzweg. Der ASIC, der Chip für den Bitcoin, lässt sich nur für die Blockchain des Bitcoin verwenden. Keine andere Blockchain ist mit diesem Chip kompatibel.

Den Ripple kann man nicht minen. Kleinere Kryptowährungen lassen sich mit kleinerem Aufwand schürfen, doch die Gefahr bei kleineren Währungen ist natürlich weit größer, dass sie einfach über Nacht aus dem Netz verschwinden.

Die Zukunft des Mining wird dem Weg des Bitcoins folgen. Die Komplexität der Berechnungen wird einen Wert erreichen, sodass sich ohne spezielle Chips nichts mehr erreichen lässt. Dann wird auch noch der Moment kommen, wo selbst diese Chips den Geist aufgeben. Das Mining wird dann einfach unrentabel sein. Die Alternativen sind dann die Gebühren gewaltig zu erhöhen oder aus dem Mining auszusteigen. Wenn jedoch zu viele Miner aussteigen, dann ist die Dezentralität des Netzwerkes nicht nur gefährdet, es gibt ganz einfach eine feindliche Übernahme. Diese wird in einem eigenen Kapitel behandelt. Steigen die Gebühren entsprechend dem erhöhten Rechenaufwand, dann hat man mit den Kryptowährungen irgendwann den Wert erreicht, den Banken heute schon aufrufen. Steigen alle Miner aus, dann ist die betroffene Blockchain mit dem jeweiligen Coin einfach nur Vergangenheit. Die ersten Anzeichen für eine solche Entwicklung kann man bereits im Bitcoin ablesen. Dort haben viele Miner bereits aufgegeben und alles konzentriert sich auf die drei verbliebenen Cloudminer, die aber bereits mit ihren Kosten zu kämpfen haben.

Das Teilnehmen an einer Blockchain

Die Teilnahme an einer Blockchain ist für den Durchschnittsbürger nur auf einem Wege möglich, er beteiligt sich an einer der Kryptowährungen. Hinter jeder Kryptowährung steht eine Blockchain, eine
Idee und oft genug auch Ideale. Es lohnt sich also, sich eine Währung
genauer anzusehen.

Die Coins, also die Währungen, unterteilen sich dabei im Wesentlichen in drei Kategorien, dem Bitcoin, den Alt-Coins und den S-
Coins.

Der Bitcoin, war der erste Coin und stellt damit seine eigene Kategorie dar, denn er ist am meisten fortgeschritten. Der Bitcoin
lohnt sich als Anschauungsobjekt für die Entwicklung der anderen
Coins. Diese werden im Wesentlichen den gleichen Weg gehen und
die gleichen Probleme aufweisen.

Der Einstieg in den Bitcoin ist natürlich mit Vor- und Nachteilen verbunden. Der hauptsächlichste Nachteil ist der bestehende Preis.
Während der Bitcoin zwar weiter im Wert steigen kann, ist er aufgrund
des bestehenden Preises nicht mehr zu den gewaltigen Kursanstiegen
in der Lage, die er in der Vergangenheit gezeigt hat. Er kann zwar noch
immer um einhundert Prozent ansteigen, doch nicht mehr um mehrere
Hundert Prozent.

Dem stehen die Vorteile des Coins gegenüber. Zum Ersten
kann und wird der Bitcoin weiterhin steigen, bis er irgendwann
sein natürliches Ende findet. Man kann also noch einen Profit aus

ihm herausschlagen. Weiterhin ist der Bitcoin mit Sicherheit keine Abzocke im Sinne eines S-Coin. Es ist ein reales Projekt mit seinen realen Grenzen. Zu guter Letzt kann der Bitcoin in kleine und kleinste Teile unterteilt werden. Man muss also nicht gleich einen ganzen Bitcoin für Tausende Euros erwerben, sondern kann sich schon mit 10 € in diese Blockchain einkaufen.

Die Alt-Coins sind die sogenannten alternativen Coins. Dahinter verbirgt sich eine große Ansammlung von Coins, die auf den ersten Blick einfach nur undurchschaubar ist. Diese Coins haben ebenfalls ihre Vor- und Nachteile.

Der hauptsächlichste Vorteil der Alt-Coins ist ihr Preis. Zumindest die meisten dieser Coins sind recht preiswert zu haben. Sie können auch, aufgrund ihres derzeit niedrigen Standes, erheblich im Wert steigen. Sie lohnen sich sogar noch für das Mining, denn der Rechenaufwand dafür ist noch relativ gering.

Dem stehen aber die Nachteile entgegen. Verschiedene Alt-Coins haben verschiedene Motive. Es hängt auch von den Motiven ab, ob sie sich durchsetzen. Man muss also recherchieren, bevor man investiert. Weiterhin können diese Coins sehr schnell S-Coins sein und man hat sein ganzes Geld verloren. Sie können ebenso aus anderen Gründen sang- und klanglos vom Markt verschwinden. Das Risiko ist also bei den Alt-Coins mit niedrigem Wert, ob es diesen überhaupt gelingt, sich am Markt zu etablieren. Bei Alt-Coins mit relativ hohem Wert besteht dieses Risiko nicht, dafür aber sind die Nachteile, die gleichen wie beim Bitcoin. Es sind keine großartigen Kurssprünge mehr zu erwarten.

Blockchain

Die S-Coins, sind die sogenannten Schein-Coins. Diese Coins stellen keine echten Währungen dar. Gerade im Bereich der jungen Alt-Coins ist die Gefahr groß, einem S-Coin aufgesessen zu sein. Diese Coins werden nur massenweise verkauft, bis entweder die Macher des jeweiligen S-Coins genug Geld abgezockt haben oder auffliegen. Für diejenigen, die einen solchen S-Coin gekauft haben, besteht jedoch kaum eine Chance, ihr Geld wiederzusehen.

Hat man sich dafür entschieden, sich an einer Blockchain zu beteiligen und eine oder mehrere interessante Währungen ausgewählt, dann geht es an die Umsetzung. Hierbei muss man verstehen, dass digitale Währungen zumindest derzeit einen Wert darstellen, und dieser Wert teils erheblich sein kann. Weiterhin muss man verstehen, dass man Coins nicht auf einer Bank oder in seiner Brieftasche aufbewahrt. Das Letztere verbietet sich aufgrund ihrer digitalen Natur und das Erstere liegt einfach daran, dass keine Bank die Coins akzeptiert, naja, fast keine.

Will man digitale Coins empfangen, aufheben und versenden, dann braucht man dazu eine Wallet. Dieses englische Wort bedeutet übersetzt Brieftasche, doch im Gegensatz zur üblichen Brieftasche ist die Wallet digital und damit für die digitalen Coins geeignet. Ganz genau genommen ist die Wallet nichts weiter als zwei Schlüssel, ein öffentlicher und ein privater Schlüssel. Der öffentliche Schlüssel dient dazu, dass die anderen Teilnehmer an der Blockchain den eigenen Coinbestand einsehen können. Der private Schlüssel ermöglicht das Versenden der Coins.

Es gibt unterschiedliche Wallets mit unterschiedlichen Eigenschaften. Bevor man sich daranmacht, Millionenbeträge in Coins zu erwerben, sollte man erst einmal seine eigenen Vorlieben für die Wallets kennenlernen. Die Wallets unterscheiden sich dabei in Hinsicht ihrer Größe, Benutzung, Sicherheit und Anonymität. Sie unterscheiden sich in fünf Haupttypen: Desktop-, Hardware-, Mobile-, Online- und Papier-Wallet. Je größer der Wert der Coins, desto größer sollte die Gewichtung selbstredend auf dem Punkt Sicherheit liegen.

Die einfachste Wallet ist die Desktop-Wallet. Diese bekommt man schon dann kostenlos, wenn man sich in einer Blockchain anmeldet. Die Desktop-Wallet ist einfach in ihrer Handhabung und relativ sicher. Sie wird auf dem Computer, sei es ein Desktop oder ein Laptop, gespeichert. Solange der Computer nicht online ist, solange ist auch die Wallet nicht online und kann nicht gehackt werden.

Auf der anderen Seite ist die Wallet natürlich gegenüber Hackerangriffen, Würmern und Viren immer dann verwundbar, wenn der Computer online ist, selbst, wenn man dabei nur surft und die Wallet selbst nicht benutzt. Dazu kommt, dass die Wallet an den Computer gebunden ist. Man kann sie also nur mit sich herumtragen, indem man den Computer mit sich führt, was, wie man leicht einsehen kann, nicht immer so einfach ist.

Neben der Basisausführung kommt die Desktop-Wallet auch in speziellen Varianten. Diese können zum Beispiel die Sicherheit durch zusätzliche Vorkehrungen erhöhen. Andere wiederum bringen mehr als ein Pseudonym mit sich und transferieren die Coins permanent zwischen den Pseudonymen, was die Anonymität erhöht, aber auch gleichzeitig Transferkosten bringt. Man kann diese speziellen Varianten ganz einfach online erwerben, doch man sollte sichergehen, dass die Quelle vertrauenswürdig ist.

Wem die Sicherheit der Desktop-Wallet nicht ausreicht, kann sich auch eine Hardware-Wallet kaufen. Diese kostet zwischen 10 und 100 €. Was man dann erhält, ist ein USB-Stick. Auf diesem Stick befindet sich die eigentliche Wallet. Man kann den Stick ganz einfach vom Computer getrennt halten und ohne Befürchtung im Internet surfen. Wenn man dann Coins senden oder empfangen möchte, steckt man einfach den Stick ein. Damit ist die Wallet wirklich nur dann online, wenn man sie braucht. Von diesem kleinen Zeitfenster abgesehen ist sie sicher vor Hackern und den anderen Gefahren des Internets.

Wer seine Coins unterwegs verwalten möchte, der kommt um eine mobile Anwendung nicht herum. Hier kann eine Mobile-Wallet die Antwort sein. Die Mobile-Wallet ist dabei nichts anderes als eine App, die man auf seinem Smartphone installiert. Hierbei muss man aber als Teilnehmer an einer Blockchain ein paar Abstriche machen. Zum einen sind die Verbindungen mit einem Smartphone nicht die Schnellsten und zum anderen kosten sie mitunter hohe Gebühren. Die Blockchain selbst, als Datei, umfasst jedoch Gigabytes. Um sie also für ein Smartphone anwendbar zu machen, kommt sie dort nur in einer verkürzten Version. Man sieht also nur einen Teil, aber nicht die gesamte Blockchain. Ein weiterer Nachteil ist, dass man seine Coins nur mit dem Smartphone verwalten kann. Wenn man aber seine Coins nicht permanent zwischen seiner Mobile- und seiner Desktop-Wallet hin und her transferieren möchte, braucht man eine wahre mobile Anwendung.

Die mobilste aller Anwendungen ist die Online-Wallet. Diese ist wirklich mobil, denn man kann sie von überall aus ansteuern. Alles, was man braucht, ist ein Internetzugang. Somit kann man von seinem Smartphone, seinem Computer oder dem Computer eines Freundes aus seine Coins verwalten. Das ist an sich ein großes Plus, doch es ist mit erheblichen Nachteilen verbunden. Die Online-Wallet ist permanent online, damit ist sie auch permanent den Gefahren des Internets ausgesetzt. Damit nicht genug, befindet sich die Online-Wallet bei einem Provider. Man muss diesem vertrauen können, und selbst wenn man dies kann, hat man keinen Einfluss auf dessen Sicherheitsvorkehrungen. Auch wenn es schwer zu glauben ist, hat sich bereits mehr als ein Anbieter solcher Online-Wallets mit den gespeicherten Coins über alle Berge gemacht. Andere Provider, dazu gehören auch Online-Börsen, wurden von Hackern geknackt und der Coinbestand mehrerer Wallets ausgeräumt.

Die am seltsamsten anmutende Variante, digitales Geld aufzubewahren, ist die Paper-Wallet. Dabei handelt es sich um einen QR-Code, den man ausdruckt. Dieser Code enthält den Schlüssel und damit den Zugang zu den Coins. Das macht diese Wallet sehr sicher gegenüber Hackern, Viren und Ähnlichem. Sie ist nicht online und daher nicht anfällig. Auf der anderen Seite ist sie einfach nur Papier und repräsentiert mitunter Tausende und Millionen von Euros. Man muss also sehr sorgfältig darauf achten, die Paper-Wallet zu erhalten. Sie sollte nicht geknickt werden. Laminieren oder das Aufbewahren in einer Plastikhülle empfiehlt sich von selbst.

Mögliche Anwendungsgebiete

Die Blockchain, als solche, hat eine Reihe von möglichen Anwendungen. Diese können direkt mit Kryptowährungen verbunden sein oder auch weit darüber hinausgehen. Manche der vorgeschlagenen Anwendungen erscheinen wirklich einen Blick wert, andere jedoch sind einfach nur ein großer Humbug.

Eine Anwendung, die durchaus Sinn macht, ist der Banksektor. Verschiedene Banken testen bereits unterschiedliche Pilotprojekte. Da es dabei aber um eine Menge Geld geht, Wettbewerbsvorteile und das Verhindern von Diebstahl und Betrug, sind diese Projekte nicht immer ganz so offen, wie man das gerne hätte. Was aber problemlos feststeht, ist, dass sich damit die Infrastruktur der Banken vereinfachen lässt. Das klingt gut, denn es spart den Banken Geld, was sich in sinkenden Gebühren widerspiegeln sollte. Nach einer Schätzung sollen die gesparten Kosten sich bei allen Banken zusammen auf insgesamt 20 Milliarden Euro im Jahr summieren. Es ist aber fraglich, was die Angestellten dazu sagen werden, die zu der abgebauten Infrastruktur gehören.

Neben der Anwendung bei den Banken ist es auch das Vertragsrecht, besonders im Onlinebereich, das mit der Blockchain revolutioniert werden kann. Die Idee dahinter ist sehr einfach.

Wer heute etwas online verkaufen möchte, geht oftmals zu den großen Plattformen und den Bezahldiensten. Das macht auch Sinn, doch es kostet Freiheit. Mit der Blockchain kann jeder sein eigener

Onlineshop sein. Man kann seine eigenen E-Books und seine eigene Musik zum Download oder seine Waren für den Versand anbieten. Die Smart Contracts des Ethereum lassen hier eine automatische Verbindung der Handlungen zu. So kann ein Download oder eine Ware angefordert werden. Dann bezahlt man entsprechend mit den Coins und der Download beziehungsweise der Versand wird ausgeführt. Das verhindert Betrug und vereinfacht die Abwicklung.

Damit nicht genug. Die Blockchain vergisst nicht. Man kann also sehr leicht zurückverfolgen, wer was getan hat. So können Urheberrechte gewahrt und Raubkopien verhindert werden. Man kann also tatsächlich sein eigenes E-Book in seinen eigenen Onlineshop stellen. Nach einem Verkauf lässt sich sicherstellen, dass nur der Käufer das E-Book lesen kann. Ebenso kann man im Bereich der Musik und Software vorgehen. Einfach und sicher.

Die simple Abwicklung von Zahlungen fördert auch die Reichweite der Geschäfte. So kann man ohne Probleme einen einzelnen Musiktitel oder ein kleines E-Book hier in Deutschland verkaufen und jemand in Japan oder Kolumbien kann ihn kaufen und direkt bezahlen. Das bringt einen größeren Markt und für die Kunden eine größere Konkurrenz unter den Händlern. Beide Seiten gewinnen.

Eine etwas abstruse Anwendung, die immer wieder vorgeschlagen wird, sind Smart Contracts im Bereich von Versicherungsverträgen. Dabei soll zum Beispiel die Versicherung von Autos dem realen Fahrstil angepasst werden. Das bedeutet, dass das eigene Auto den Fahrstil des Fahrers kontrolliert und über das Internet an die Versicherungsgesellschaft meldet. Diese stuft dann den Fahrer sofort und automatisch in einen Tarif, der dessen Fahrstil entspricht, ein. Diese Anwendung ist jedoch praktisch nicht durchführbar. Datenschutz und Persönlichkeitsrechte stehen dem entgegen. Es soll schließlich keine gläsernen Menschen geben, zumindest nicht noch schlimmer, als das ohnehin bereits der Fall ist. Verträge für Versicherungen über die Blockchain sind also zumindest in dieser Form nicht denkbar.

Eine weitere unmögliche Anwendung wird mit den Wahlen in Verbindung gebracht. Die Argumente dafür kommen aus zwei Richtungen. Die erste Richtung ist der Aufwand von Geld und Zeit, den die Staaten mit der Durchführung der Wahlen aufbringen. Die zweite Richtung ist die Wahlmüdigkeit der Bürger. Wenn man diesen nicht zumutet, in eine Wahlkabine zu gehen, so wird argumentiert, ließen sie sich zu einer Stimmabgabe bewegen. Das Ganze krankt jedoch an der Durchführbarkeit.

Das Erste und wichtigste ist die Anfälligkeit eines nur online durchgeführten Urnenganges. Wenn alle Daten einzig und allein online erhoben werden, dann ist es für Hacker leicht, dort ihre Werte einzubringen. Ein Wahlbetrug in einem Land kann dann bequem von jedem Ort der Welt aus vorgenommen werden.

Weiterhin bringt die Blockchain selbst ihre Beschränkungen, nämlich dank der Transparenz und der Anonymität. Sollten die Wahlen anonym durchgeführt werden, dann können die Teilnehmer über mehrere Pseudonyme verfügen und so ihre Stimme mehrfach abgeben. Eine Vergabe der Pseudonyme durch die Wahlgremien an den Einzelnen würde dies verhindern, doch würde es den Organisatoren der Wahl möglich machen, nachzuvollziehen, wer für wen gewählt hat und die Wahl wäre nicht mehr anonym.

Und nun zu den Kernargumenten. Der Aufwand, den man bei den Wahlen im Bereich der Wahllokale sparen würde. Den würde man aber nicht wirklich sparen. Er würde sich einfach nur in den Bereich IT verlagern. Ebenfalls ist es fraglich, ob ein Bürger, der so desinteressiert ist, dass er nicht in das Wahllokal geht, interessiert genug ist, online seine Stimme abzugeben. Kurz, eine Stimmabgabe per Blockchain bringt ihre eigenen Probleme, spart keinen Aufwand und bringt keine wahlmüden Bürger zur Wahl. Es handelt sich also tatsächlich nur um einen unsinnigen Vorschlag.

Weitere Vorschläge beziehen sich auf das Steuerrecht. Hier zum Beispiel die automatische Steuererhebung und das Grundbuch. Beides jedoch wird ebenso am System der Blockchain scheitern. Die problematischen Punkte sind die Transparenz und Anonymität. Dazu kommt noch der Datenschutz. Soll es für jeden einsehbar sein, wer welche Steuern bezahlt? Wie vereinbart sich eine automatische Steuererhebung mit den vielen Sonderregeln und Ausnahmen? Wie kann man sicherstellen, dass nur der, der es wissen darf, die Informationen aus dem Grundbuch einsieht? Hier ist die Blockchain in ihrem heutigen Gewand nicht geeignet, die Antworten zu liefern. Das bedeutet nicht, dass man die Probleme nicht in der Zukunft überwinden kann, doch das braucht Zeit und Entwicklung und es gibt keine Garantie auf einen Erfolg.

In eine Blockchain investieren?

Jetzt haben wir schon ziemlich klar angesprochen, dass die Coins keine Währung sind und es auch nie sein werden. Einige Gründe dafür wurden bereits angeführt und einige Weitere lassen sich in den folgenden Kapiteln finden. Da stellt sich natürlich die Frage, ob eine Investition in die Blockchain überhaupt sinnvoll ist. Die Antwort darauf ist überraschend.

Schon mal was von einer Blase gehört? Eine Blase entwickelt sich gar nicht so selten auf dem Markt. Es handelt sich dabei immer darum, dass ein Produkt oder ein Bereich stark überbewertet wird. Das ist besonders oft im Immobilienbereich der Fall. Die Preise steigen und steigen, bis jeder realistische Wert mehrfach überschritten wird. Die Immobilien sind zwar nicht wertlos, doch sie sind bis zu zehnfach höher bepreist, als sie es eigentlich verdienen. Was passiert dann? Die Blase platzt irgendwann. Dies geschieht praktisch über Nacht und hat oftmals heftigste Auswirkungen. Die letzte Blase brachte uns in die Finanzkrise, am Ende des ersten Jahrzehnts des 21. Jahrhunderts.

Das Lustige ist, dass die Leute, die in eine solche Blase einsteigen, entweder sehr dumm sind oder sehr genau wissen, dass sie dabei in eine Blase investieren. Den Ersteren kann man nicht helfen, die Letzteren brauchen keine Hilfe. Sie gehen dabei nach einer offiziell anerkannten Theorie vor, der Theorie von dem größeren Idioten. Sie wissen, dass sie einen idiotisch hohen Preis bezahlen, doch sie spekulieren darauf, einen noch größeren Idioten zu finden, der einen noch höheren Preis bezahlt.

Eine Blase ist ein Spiel, ähnlich der Reise nach Jerusalem. Für die Leser, die die Reise nach Jerusalem nicht kennen: In diesem Spiel wandern die Spieler in einem Kreis um mehrere aufgestellte Stühle. Die Anzahl der Stühle ist zu klein. Gewöhnlich befindet sich einer oder zwei Stühle zu wenig in der Mitte, als Spieler, die um die Stühle herumwandern. Eine Musik wird gespielt. Wenn diese stoppt, müssen alle ganz schnell sitzen. Diejenigen, die keinen Stuhl finden, sind raus. Eine Blase ist so ähnlich, nur dass hier mit Millionen gespielt wird und jeder hofft, einen Stuhl zu finden, ehe die Musik aufhört.

Will man also in eine Blockchain investieren, indem man in die damit verbundenen Währungen einsteigt, muss man sich dieser Tatsache bewusst sein. Es handelt sich um Blasen. Hier jedoch hat die Blase überhaupt keinen echten Wert. Die Coins sind nichts, nur eine Ansammlung von Codes. Wenn die Blase platzt, dann hat man nichts mehr in der Hand. Daher sollte man beim Einstieg in die Währungen darauf achten, dass man rechtzeitig wieder aussteigt. Dazu kommt noch ein weiteres Phänomen, dessen man sich absolut bewusst sein muss.

Die Kurse der Kryptowährungen schwanken teils erheblich. Diese Schwankungen haben einen Hintergrund. Der liegt darin, dass immer mehr Leute diese Währungen wollen und das Angebot einfach nicht mit der Nachfrage schritthalten kann. Soweit so einfach? Noch mal, die Währungen sind in ihrem Wert so hoch, weil nicht genug Coins auf dem Markt verfügbar sind. Das ist sehr, sehr wichtig und kann nicht genügend oft betont werden.

Jetzt stelle man sich einen Glückspilz vor. Dieser hat am Anfang einen großen Haufen Coins für eine kleine Anzahl an Euros erworben.

Diese Coins steigen, wie der Bitcoin. Der stand auch schon bei 5.000 €. Jetzt sagt sich unser Glückspilz, dass er ja inzwischen ein Coin-Millionär ist. Seine Coins sind Millionen Euros wert. Dummerweise kann er die Coins nicht selbst verwenden, was also tut er? Er will den Wert, die Millionen Euros. Dies bekommt er aber nur auf einem Wege, er muss die Coins verkaufen. Jetzt schmeißt also unser Glückspilz diese Coins auf den Markt und dann, oh Schock, erfüllt das Angebot die Nachfrage und der Preis kracht nach unten. Unser Millionär in Coins bekommt dann Tausende in Euros. Wie glücklich wird er dann wohl dreinschauen?

Wer Coins besitzt, besitzt damit kein Geld. Wer Geld will, muss die Coins verkaufen. Diese sind aber nur deswegen wertvoll, weil es nicht genug davon auf dem Markt gibt. Wirft man nun seine Coins im Millionenwert auf den Markt, hat man soeben einen gigantischen Kurseinbruch verursacht. Kleinere Währungen können von so was sogar komplett eingehen, während andere es noch verkraften können und sich bald wieder erholen.

Ist man sich der Risiken und der natürlichen Marktgesetze bewusst, dann gibt es mehrere Wege, wie man in eine Blockchain, beziehungsweise den damit verbundenen Coins, investiert. Diese Wege sind im Wesentlichen das Mining, die Anlage, der Handel und das Funding.

Wer sich an das Mining wagen möchte, hat die Wahl zwischen dem Mining einer neuen oder einer alten Währung. Das Mining einer alten Währung bedeutet einen großen Rechenaufwand. Das liegt daran, dass bereits viele Coins geschürft worden sind und die Protokolle der Blockchain mit steigender Coinanzahl den Rechenaufwand automatisch erhöhen. Will man also bei einer alten Währung einsteigen, braucht man viele, schnelle Rechner, die zusammenarbeiten. Wer sich gar am Bitcoinmining beteiligen möchte, wird um die ASIC-Chips nicht herumkommen. Diese sind jedoch auf die Blockchain des Bitcoin zugeschnitten. Sollte man also später auf einen anderen Coin umsteigen, war diese Investition umsonst. Cloudmining und das Mieten eines Cloudminers sind zwar Optionen, doch auch hier braucht man Rechenleistung oder eine hohe Miete. Beides bedeutet aber auch, dass die Profite klein sind.

Das Mining einer neuen Währung ist sehr viel einfacher. Schnell wird man damit einige Coins machen, und wenn diese einen großen Sprung in ihrem Wert erleben, kann man damit einen ordentlichen Profit machen. Dazu sollte man die Coins aber nur langsam auf den Markt bringen, denn sonst riskiert man einen herben Wertverlust.

Wer eine relativ neue Währung schürft, geht aber ebenfalls ein Risiko ein. Bei einer alten Währung ist es das Risiko, dass sich der Rechenaufwand nicht lohnt und man sein Geld fehlinvestiert hat. Bei einer neuen Währung ist es das gleiche Problem in einem neuen Gewand. Sollte nämlich der Preis für die Coins der neuen Währung nicht entsprechend ansteigen, dann hat sich der Aufwand ebenfalls nicht gelohnt und man geht leer aus.

Wer sich dennoch am Mining versuchen möchte, braucht einen kalten Standort und gute Energiepreise. Ein kalter Standort bringt eine natürliche Kühlung, die den Stromverbrauch kleinhält und geringe Energiepreise halten insgesamt die Kosten niedrig. Darauf kommt es gerade an, wenn man mit dem Mining einen Profit erzielen will.

Wer sich nicht auf das Abenteuer Mining einlassen möchte, dem steht die Anlage als Investitionsform zur Verfügung. Aber auch die Anlage hat ihre eigenen Tücken. Bei dieser Investitionsform kauft man Coins und hält diese über einen längeren Zeitraum, um über die Preissteigerung einen Profit zu erhalten.

Der Kauf der Coins kann dabei auf zwei Arten geschehen. Entweder kauft man einmalig eine große Menge Coins oder man kauft über einen längeren Zeitraum hinweg in regelmäßigen Abständen eine kleine Menge Coins, zum Beispiel für 50 € pro Monat.

Die Coins steigen normalerweise im Preis, sodass bald der Kaufpreis weit überschritten ist. Die Gefahr hier ist jedoch, dass man die Coins zu lange hält. Das Risiko ist dabei das Gleiche bei neuen und bei alten Währungen. Alte Währungen sind bereits sehr hoch im Kurs, sodass bei ihnen kräftige Abstürze immer wahrscheinlicher werden. Die neuen Währungen sind noch nicht stark genug, um große Schwankungen zu überleben. Sie können also einfach wieder verschwinden. Bei beiden kann man also einfach sein Geld verlieren. Wer jedoch die Währungen streut, also von mehreren Währungen ein paar Coins kauft, wird eine gute Chance haben, dabei einen Gewinner zu erwischen. Mit den üblichen Steigerungsraten hat man dann auch einen gehörigen Profit, selbst wenn man gleichzeitig bei anderen Währungen einen Verlust einfährt.

Sehr viel besser sind die Aussichten beim Handel. Hier kauft und verkauft man die Währungen ständig. Man macht zwar, verglichen mit der Anlage, nur kleine Gewinne, dafür aber häufig. Wer als

Anlage einen Profit von 100 % über ein Jahr einfährt, steht nicht so gut da, wie ein Händler, der 1 % pro Tag erwirtschaftet. Die kleinen Profite bringen also über die Zeit erhebliche Gewinne. Das Risiko, dass man dabei auf eine falsche Währung setzt, ist nicht so groß, denn man nimmt nur eine kurze Steigerung mit und verschwindet dann wieder aus der Währung. In anderen Worten, es mag zwar eine Währung schlimm erwischen, doch die Chancen sind klein, dass man gerade dann diesen Coin in seinem Portfolio hat. Auf der anderen Seite können sich die vielen kleinen Gewinne bald tüchtig auszahlen.

Fundingprojekte versprechen die höchsten Gewinne, vor allem im Bereich des ICO, doch sie bergen auch die größten Risiken. Hinter dem Kürzel ICO verbirgt sich das Initial Coin Offering, also das anfängliche Coinangebot. Hier handelt es sich um eine neue Währung. Jemand möchte diese auf den Markt bringen, doch deren Entwicklung kostet Geld. Durch das ICO kann das Geld aufgebracht werden und die Investoren werden mit Coins aus der neuen Währung belohnt. Sollte sich die Währung wie der Ethereum oder der Bitcoin durchsetzen, dann winken astronomische Gewinne. Auf der anderen Seite kann die Währung auch einfach nur verschwinden oder noch schlimmer, es kann sich um einen Betrug handeln.

Neben dem ICO gibt es aber noch andere Fundingprojekte. Diese laufen auf zwei Dinge hinaus. Das eine ist ein Update einer Währung. Hier möchten die Macher der Währung Geld sammeln, um ein Update zu finanzieren. Auch hier gibt es im Gegenzug wieder Coins. Diese Projekte sind normalerweise solide, besonders dann, wenn sich die Währung selbst bereits am Markt etabliert hat. Bei kleineren Währungen jedoch besteht die Gefahr, dass das Update selbst sich nicht durchsetzt und die ganze Währung in den Abgrund reißt.

Die anderen möglichen Fundingprojekte werden oft von Minern angeboten. Diese suchen nach Investoren für eine bessere Hardware, für neue Programme oder ähnliche Aufrüstungen. Auch hier winken im Gegenzug Coins, doch werden die nur nach der Aufrüstung geliefert. Einige dieser Projekte sind solide, doch viele davon nehmen nur das Geld und behalten die Coins.

Fundingprojekte, besonders die ICO und die Projekte von Minern, sollten außerordentlich genau geprüft werden. Es gilt festzustellen, wer sich dahinter verbirgt, wie gut das Projekt organisiert ist und ob es mit seiner Stoßrichtung überhaupt Erfolg haben kann. Dann, und nur dann, sollte man ernsthaft an eine Investition denken.

Die Sicherheit in der Blockchain

Wenn man sich in einer Blockchain anmeldet, dann muss man selbstverständlich auch auf seine Sicherheit achten. Blockchains sind mit Werten verbunden und wo Werte sind, da sind Diebe nicht weit. Es sind aber nicht nur die Diebe, die eine Gefahr für den Teilnehmer bringen. Es ist auch das eigene Handeln und die Kryptowährungen, die mit den Blockchains einhergehen.

So, wie es Taschendiebe gibt und Bankräuber, so gibt es auch Leute, die einem an das Onlinegeld wollen. Dazu gibt es mehrere Wege. Der einfachste Weg ist natürlich das Hacken, ein Virus oder ein Wurm. Entsprechende Schädlingssoftware gibt es bereits und hat es auf die Wallets beziehungsweise deren Inhalt abgesehen. Daher ist es sehr, sehr wichtig, seinen Rechner zu wappnen. Das beginnt mit einem ordentlichen Antivirenprogramm und einer funktionierenden Firewall. Diese Programme, wie auch den Rest seines Computers beziehungsweise Smartphones, sollte man auf den neuesten Stand halten. Nicht vergessen, die Coins können in die Tausende und Millionen gehen. Da muss man schon in die Sicherheit und Updates investieren.

Neben dem direkten Angriff von Hackern oder Schadsoftware gibt es auch gerne Betrügereien. So gab es bereits eine Bitcoinbank, die Bitcoins akzeptierte und deren Inhaber sich dann mit den Coins abgesetzt hat. Hier schützt vor allem ein gesundes Maß an Misstrauen. Wann immer Angebote zu gut klingen, um wahr zu sein, sind sie das auch im Allgemeinen. Es gibt bereits eine Reihe von Listen mit

Seiten, auf denen Coinbetrügereien stattfanden. Es schadet nicht, sich die neuesten Versionen dieser Listen herauszusuchen und sie zu durchstöbern, damit man einen gewissen Überblick über die gängigen Betrugssysteme bekommt.

Neben all diesen Angriffen und Betrügereien muss man aber auch sehr gut auf seine eigenen Aktionen achtgeben. Eine Wallet ist wie eine Brieftasche. Wird das Geld daraus gestohlen oder gibt man das Geld der falschen Person, dann ist es weg. Jeder trägt die Verantwortung für seine eigenen Coins.

Jede Transaktion, die man mit seinen Coins durchführt, sollte man sehr genau prüfen, bevor man sie abschickt. Man ist seine eigene Bank. Man kann also Coins, die man an die falsche Person schickt, nicht einfach zurückholen. Alle Transaktionen sind endgültig. Man kann auch nicht außerhalb der Blockchain die Person kontaktieren, der man vielleicht versehentlich Coins geschickt hat, denn man weiß nicht, wer hinter einem Pseudonym steckt.

Wird eine Bank ausgeraubt, dann verliert nur die Bank ihr Geld. Das Geld auf den Konten bleibt davon unberührt. Wenn aber eine Wallet ausgeräumt wird, dann hat man nur seine eigenen Coins verloren. Die gleiche Verantwortung trägt man auch für den Schlüssel, der die Wallet darstellt. Verliert man seine Bankkarte, geht man einfach nur zu seiner Bank und legitimiert sich dort. Dann bekommt man eine neue Karte zugeschickt. Diese Option gibt es nicht in der Blockchain. Verliert man seinen Schlüssel, dann sind die Coins unerreichbar in den Tiefen der Blockchain verschollen. Niemand kann einem da noch weiterhelfen.

Neben diesen Eigenschaften der Blockchain sind es auch die Kryptowährungen, die einen Grund zur Sorge darstellen. Was geschieht, wenn man Coins im Wert von einer Million Euro besitzt und dann diese Währung verschwindet? Nun, dann hat man eine Million Euro verloren. Es gibt keine Entschädigung, kein Zurück, es ist einfach weg. Jetzt soll aber keiner sagen, dass das nicht geschehen kann. Die Unterstützer des Bitcoins und der anderen Coins werden jetzt wahrscheinlich widersprechen, doch es gibt ein paar einfache Szenarien, die selbst den Bitcoin an sein Ende bringen und diese Szenarien sind alles andere als unwahrscheinlich.

Das gefährlichste Szenario, das Bitcoin und Co das Leben kosten kann, ist die organisierte Kriminalität. Jeder weiß, dass kriminelle Organisationen Waffen, Drogen und selbst Menschen schmuggeln. Was aber der Laie kaum bedenkt, ist, dass dieser Schmuggel immer in zwei Richtungen vonstattengeht. Die illegale Ware wird zu ihrem Verkaufsort geschmuggelt und das erwirtschaftete Geld muss herausgeschmuggelt werden. Wenn nicht, dann hat die kriminelle Organisation bald kein Geld mehr, um neue illegale Waren für ihren Schmuggel zu erwerben.

Das Problem wird aber noch größer. Wenn man sich das Volumen von Drogen im Wert von einer Million Euro ansieht und dieses Volumen mit dem Volumen von einer Million Euro in kleinen Scheinen vergleicht, dann wird man schnell feststellen, dass das Geld sehr viel mehr Raum einnimmt und sehr viel schwerer zu schmuggeln ist. Drogengelder und anderes, illegal erworbenes Geld, kann man aber nicht so einfach in einer Bank gegen große Scheine umtauschen oder dort einzahlen und dann überweisen. Für Summen ab einer gewissen Größe, je nach Staat unterschiedlich, muss man einen Einkommensnachweis erbringen. Man muss also nachweisen, woher das Geld stammt. Auf solchen Nachweisen kann man das Geld kaum als Drogengelder deklarieren.

Das Geld muss also irgendwie zurück in das Ursprungsland des Schmuggels. Geldwäschegesetze machen dies schwer, denn man muss die Herkunft des Geldes nachweisen. Das gilt sowohl bei einer Einzahlung in eine Bank oder bei dem Reisen mit Bargeld. Kryptowährungen dagegen gestatten es, dank der Anonymität, Schmuggelgewinne einfach und schnell in die gesamte Welt zu transferieren. Dabei wird das Geld gleich noch gewaschen, denn man bekommt einen Nachweis für die Herkunft des Geldes, denn das erhielt man ja aus dem Verkauf der Coins. Damit sind Kryptowährungen ein wunderbares Hilfsmittel für kriminelle Organisationen.

Die Staaten wissen natürlich, dass man den Schmuggel zumindest erschweren kann, indem man die Geldbewegungen kontrolliert, und haben die Geldwäschegesetze erlassen. Sie wissen auch, dass die Kryptowährungen diese Gesetze unterlaufen. Es ist daher nur eine Frage der Zeit, bis die Staaten versuchen werden, dem einen Riegel vorzuschieben. Dies kann durch Regulieren erfolgen oder durch totale Verbote, Letzteres ist wahrscheinlicher. Ist eine Währung aber erst einmal verboten, dann ist sie auch erledigt.

Das Szenario mit dem Verbot ist nicht weit hergeholt und durchaus im Bereich des Möglichen. Jetzt muss man aber nicht unbedingt so weit gehen und sich noch einmal die Kryptowährungen im Vergleich mit den klassischen Währungen ansehen. Der Hauptvorteil der Kryptowährungen sind schnelle und billige Transaktionen. Der Hauptvorteil der alten Währungen ist die Sicherheit durch das Bankensystem.

Was, wenn die Kosten der Kryptowährungen für ihre Transaktionen die gleiche Höhe erreichen, wie eine Auslandsüberweisung in der Bank? Das kann nicht passieren? Schauen wir mal. Nehmen wir den Bitcoin. Dieser kann nur geschürft werden, bis 21 Millionen Coins erschaffen worden sind. Mehr sind in dem Protokoll des Bitcoin nicht möglich. Die Coins werden durch das Genehmigen von Transaktionen geschürft. Sie entschädigen den Miner. Es ist aber heute kaum noch profitabel den Bitcoin zu schürfen, dabei steht der Bitcoin bei über 3.000 € pro Coin.

Was, wenn die Anzahl der Coins 21 Millionen erreicht hat? Dann müssen die Transfergebühren die Miner entschädigen. Wenn aber heute schon 3.000 € pro Coin kaum ausreichen, wie hoch werden die Kosten dann im Jahre 2040 mit 21 Millionen geschürften Coins sein? Wahrscheinlich werden die Transfergebühren weit über den Gebühren der Bank liegen. Damit ist der Bitcoin erledigt, denn niemand wird diese Gebühren bezahlen wollen. Die Miner werden ihre Arbeit einstellen und niemand wird die Blockchain mehr pflegen.

Man muss aber noch nicht einmal so weit gehen. Heute schon lohnt sich das Schürfen des Bitcoins kaum noch. Was, wenn der weiter steigende Aufwand den Profit überschreitet? Dann wird es keine Miner mehr geben und der Bitcoin ist aus dem Rennen. Das ist nicht wahrscheinlich? Eine kleine Recherche im Internet wird auch dem größten Skeptiker das Gegenteil beweisen. Die meisten Miner haben sich ihre Frustration vom Leibe geschrieben, als sie ihre Miningoperationen einstellten.

Das Problem mit den Kryptowährungen ist, dass sie alle dem Weg des Bitcoin folgen und keine dieser Währungen wirklich eine Währung darstellt. Wenn sich also die Miner und die Leute aus einer dieser Quasiwährungen zurückziehen, dann verschwindet diese Währung und es bleibt nichts zurück, als ein Verlust auf dem Bankkonto.

Die feindliche Übernahme

Wie funktioniert eine Demokratie? In einer Demokratie gibt es Stimmen. Wenn eine Partei im Parlament die Stimmenmehrheit hat, dann kann sie theoretisch machen, was sie möchte. Das Gleiche ist auch in der Blockchain möglich.

Eigentlich herrscht in einer Blockchain das Konsensprinzip. Alle Teilnehmer können einen falschen Block, also eine falsche Transaktion entdecken und melden. Damit sollen genau solche Machtstrukturen einer Stimmenmehrheit gebrochen werden. Es gibt da aber ein kleines Problem.

Das Problem bezieht sich auf die Rechenleistung der Miner. Je mehr Rechenleistung man in das System einbringt, desto mehr Stimmrecht besitzt man. Wenn es also nur einen einzigen Miner gibt, dann kann dieser eine Miner nach Belieben auch falsche Transaktionen genehmigen und richtige Transaktionen blocken. Man muss jedoch nicht so weit gehen. Es genügt schon eine einfache Stimmenmehrheit.

Je mehr eine Blockchain wächst, desto mehr Rechenleistung braucht man, um als Miner noch einen Block schnell genug bearbeiten zu können, um dafür am Ende noch Coins zu erhalten. Gerade im Bitcoin hat sich dabei eine Situation entwickelt, die sehr gefährlich ist. Alle Blöcke werden nur noch von drei Cloudminern bearbeitet.

Jetzt kann man natürlich auf andere Kryptowährungen setzen, doch auch diese gehen den gleichen Weg. Auch die anderen Kryptowährungen, mit Ausnahme des Ripple, setzen auf einen steigenden

Rechenaufwand, um das Schürfen zu erschweren. Auch hier werden nach und nach viele Miner durch wenige ersetzt und diese dann durch nur noch zwei oder drei Miner.

Nun ist die Situation im Bitcoin bereits bei drei Minern angekommen. Sollten sich nur zwei davon zusammenschließen oder sollte auch nur noch einer davon aussteigen, dann hat der Zusammenschluss beziehungsweise einer der beiden verbleibenden Cloudminer mehr als 50 % der totalen Rechenleistung. Dieser könnte nun nach Belieben Geld generieren, doppelt ausgeben oder die Aktionen anderer blockieren.

Wie sieht die Lösung in einem solchen Fall aus? Um mehr als 50 % der Rechenleistung zu bekommen, muss man nicht nur wahnsinnig viel investieren, sondern auch noch dieses Investment weiter betreiben. Dank des steigenden Rechenaufwandes muss man nämlich ständig weiter aufrüsten.

Das Konsensprinzip gilt weiter, selbst wenn jemand seine Stimmenmehrheit missbraucht. Die anderen Teilnehmer würden nämlich sehen, dass ein Miner über 50 % der Rechenleistung aufbringt. Damit würde das Vertrauen in den Coin erschüttert. Eine solche Situation hat es bereits im Bitcoin gegeben und damals gab es einen gewaltigen Kurseinbruch. Was aber wird beim nächsten Mal passieren?

Wenn sich zwei der drei verbliebenen Cloudminer zusammenschließen oder nur einer davon aussteigt, dann ist das eine unrettbare Situation. Der verbliebene kleine Miner kann entweder nicht aufholen oder er holt auf. In ersterem Fall hat der Zusammenschluss beziehungsweise der größere Miner eine erfolgreiche feindliche

Übernahme durchgeführt. In letzterem Fall wird der aufholende Miner zum neuen Übernehmenden. So oder so, der Bitcoin ist dann dem stärksten Miner ausgeliefert und bei dem benötigten Rechenaufwand wird es kaum einen neuen Miner geben, der noch einmal gegen den großen Miner antritt.

Die Folge in diesem Szenario ist sehr einfach. Ohne neue Miner wird sich die Situation nicht mehr verbessern. Nach einem entsprechenden Vertrauensverlust werden sich die Leute aus dem Bitcoin beziehungsweise dem betroffenen Coin verabschieden. Dann bieten immer mehr von ihnen ihre Coins zum Verkauf an. Der Kurs wird einbrechen und sich nicht mehr erholen, bis der betroffene Coin nur noch eine Anekdote der Vergangenheit ist.

Bei kleineren Währungen sind feindliche Übernahmen nicht unnormal und lassen sich verkraften, weil ständig neue Miner dazukommen. Bei großen Währungen ist das aber praktisch unmöglich. Da die Währung aber weder gesetzlich noch von den Banken irgendwie gestützt wird, ist sie dann nur noch eine wertlose Ansammlung aus Codes. Alles Geld, was man bis dahin in diese Währung investiert hat, ist dann rettungslos verloren.

Die Pyramidensysteme

Die Pyramidensysteme sind eine Plage der modernen Zeit. Es gibt sie als Pyramidenspiele, als Beschenkungssysteme, als betrügerische Investition und in so vielen weiteren Varianten, dass man ein ganzes Bücherregal damit füllen könnte. Dank der Blockchain und den damit verbundenen Kryptowährungen erfreuen sich Pyramidensysteme gerade eines neuen Höhenfluges. Einige gehen sogar so weit, den Bitcoin selbst als ein Pyramidensystem zu bezeichnen. Schauen wir uns aber zunächst einmal die Pyramidensysteme an.

Während die Pyramidensysteme selbst fast 200 Jahre alt sind, wurden sie das erste Mal erfolgreich Mitte der 1920er Jahre eingesetzt. Charles Ponzi nutzte in den USA Pyramidensysteme, um Millionensummen zu erschwindeln, weswegen diese Systeme im Englischen als Ponzi Schemes bezeichnet werden.

Was hat es mit einem Ponzi Scheme auf sich? Um das zu verstehen, muss man mit einem echten Investment beginnen.

In einem echten Investment gibt man einer Firma Geld. Das kann als Darlehen, als Aktienkauf oder auf einem anderen Weg erfolgen. Die Firma nimmt dieses Geld und erwirtschaftet damit einen Gewinn. Diesen Gewinn gibt die Firma an die Investoren zurück, indem sie ihnen Prozente zahlt. Je nach Art der Investition lässt der Investor dabei sein Geld innerhalb der Firma und bezieht weiter Prozente oder er erhält sein Geld zurück und kassiert seine Prozente nur für eine kurze Zeit. In jedem Fall aber wird das Geld verwendet, um damit einen Profit zu erwirtschaften und der Investor bekommt einen Anteil an diesem Profit, der seiner Investition entspricht.

Ein Ponzi Scheme spiegelt ein echtes Investment vor, ohne jedoch eines zu sein. Hier gibt ein Investor einer Firma Geld. Dieses sollte die Firma zwar verwenden, um einen Profit zu erwirtschaften, doch genau das geschieht nicht. Der Inhaber verwendet entweder einen kleinen Teil dieses Geldes für Vorzeigeprojekte und veruntreut den Rest oder er veruntreut gleich alles. Das ist die einfachste Version.

Ein Ponzi Scheme ist selbst ein ziemlich komplizierter Akt und er lebt von der Unkenntnis der vermeintlichen Investoren. Als Erstes zielt ein Ponzi auf Investoren, die keine große Bildung oder Erfahrung haben. Diese Investoren können ganz normale Durchschnittsbürger sein. Diesen Investoren werden große Renditen, also große Gewinne, versprochen. Die Versprechungen konzentrieren sich auf den Profit selbst, doch sie erklären nicht oder nur sehr schemenhaft, wie der Profit erwirtschaftet wird.

Bringen die Investoren jetzt ihr Geld ein, dann wird damit kein Profit erwirtschaftet. Gleichzeitig erhalten die Investoren jede Menge Anreize, ihr Geld in dem Ponzi Scheme zu belassen. Ihnen werden mehr Prozente am Profit versprochen, wenn sie ihr Geld nicht abziehen. Das kann sich über eine lange Zeit hinziehen. Will jedoch wirklich ein Investor sein Geld unbedingt abziehen, dann erhält er es zusammen mit einem großzügigen Gewinn. Dieser Gewinn ist aber nicht wirklich ein Profit der Investition. Der vermeintliche Gewinn wird dadurch erreicht, indem er von den Einlagesummen der anderen Investoren abgezogen wird.

Wenn also ein Investor sein Geld abzieht, dann bekommt er es schnell mit einem Profit. Das schafft Vertrauen bei den anderen Investoren. Zusammen mit den wirkungsvollen Versprechungen über noch mehr Profite belassen sie ihr Geld innerhalb des Ponzi Schemes. Damit kann dieses nicht nur weiter überleben, sondern auch weiterhin neue Investoren von sich überzeugen.

Gute Ponzi Schemes können über Jahrzehnte laufen. Dabei finanzieren sie sich über eine permanente Rekrutierung von neuen Investoren und nur einem geringen Abzug der Einlagesummen von bestehenden Investoren. Sollten sich jedoch keine neuen Investoren mehr finden oder zu viele das System verlassen, dann bricht das Ponzi Scheme zusammen. Die meisten der Teilnehmer gehen dabei leer aus. Sie verlieren ihre Einlagesummen und bekommen keine Entschädigung.

Pyramidensysteme sind ein großes Problem der Gesellschaft und praktisch nicht totzukriegen. Wenn man jetzt aber an die Kryptowährungen denkt, die die meisten Teilnehmer überhaupt nicht verstehen, dann bringen diese jede Menge Möglichkeiten, das Unwissen der Teilnehmer auszunutzen. Da aber auch die Währungen selbst ein Pyramidenspiel darstellen können, sollte man sich vor der eigenen Teilnahme sehr, sehr genau überlegen, ob und was man dabei riskieren kann und was man besser nicht riskiert.

Damit man keinem Pyramidensystem aufgesessen ist, sollte man auch bei Kryptowährungen nur dort investieren, wo man sich auch wirklich auskennt. Wann immer Investitionen mit Kryptowährungen angeboten werden, sollte man sich fragen, ob das Ganze nicht zu gut klingt. Man sollte sich umfassend informieren, und wenn man auch nur den geringsten Zweifel hat, die Finger davon lassen. Wichtig ist, dass nicht nur der Profit selbst erklärt wird, sondern auch, wie er erwirtschaftet werden soll.

Da die gesamte Kryptowährung ein Pyramidensystem sein kann, sollte man auch nicht zu lange und zu viel Geld in sie investieren. Hier ist ein Händler noch am sichersten, denn er fährt schnell Profite ein und kann es verkraften, sollte sich eine Währung verabschieden. Wenn man also investieren möchte, dann nicht unbedingt als Anlage, Funding oder Mining. Als Händler kann man einen Profit erzielen, ohne einen Totalverlust über die Jahre zu riskieren. Man verbucht schließlich seine Gewinne täglich oder wöchentlich. Hat man dies über einen gewissen Zeitraum hinweg durchgehalten, dann ist die ursprüngliche Investitionssumme plus ein Profit zum Händler zurückgekehrt, bevor alle Währungen aus dem Internet verschwinden.

Die Zukunft der Blockchain

Am Anfang des Internets gab es eine Menge fantastischer Hoffnungen und fantastischer Projekte. Das meiste davon hat sich nicht bewahrheitet und die Projekte haben sich verabschiedet. Dennoch existiert das Internet und es ist eines der wichtigsten Informationsmedien heutzutage. Ähnlich wird es der Blockchain ergehen.

Die Blockchain bietet eine Menge guter Eigenschaften. Diese machen ihre Verwendung in vielen Bereichen der heutigen Wirtschaft möglich. Sie können das Bankenwesen revolutionieren, indem sie zu einer Verschlankung der Bankenstrukturen führen. Sie können das Urheberrecht stärken, indem sie eine Verbreitung von Raubkopien zumindest erschweren. Sie können das Selbstpublizieren erleichtern, indem sie es jedem Teilnehmer erlauben, sein eigener App-, Musik- oder E-Book-Store zu sein.

Die Blockchain erlaubt das Transferieren von Werten und das Überprüfen von Aktionen auch noch nach Jahren. Damit werden sich sicher jede Menge weitere Anwendungen finden. Die Zeit wird zeigen, welche davon Hirngespinste sind und bleiben und welche tatsächlich einen Mehrwert bringen.

Die Kryptowährungen dagegen haben eine andere Zukunft. Da die Kryptowährungen heutzutage den einzigen Weg für einen Otto-Normalverbraucher darstellen, sich an der Blockchain zu beteiligen, kann man ihr Schicksal nicht unbeachtet lassen.

Die Kryptowährungen, allesamt und jede Einzelne, haben bis jetzt nur den Wert als ein Spekulationsobjekt. Sie sind keine eigenständige Währung und man kann nicht mit ihnen überleben. Sie sind nirgends als Währung gesetzlich anerkannt. Sie können jederzeit verschwinden. Sie haben keinen Wert in sich verankert. Es gibt keine Finanzinstitute und keine Staaten, die sie in irgendeiner Weise stützen.

Auf der anderen Seite bringen die Kryptowährungen eine Menge Probleme. Für den Einzelnen besteht das Problem der eigenen Verantwortung. Ein falscher Transfer kann nicht mehr rückgängig gemacht werden. Ein verlorener Schlüssel bedeutet auch einen Verlust der Coins. Es gibt keine Hilfe von irgendeiner Stelle.

Das Gleiche gilt, wenn man gehackt wird oder einem Wallet-Wurm zum Opfer fällt. Diese Coins sind nur eine Sache der eigenen Verantwortung. Gehen sie auf diese Weise verloren, dann sind sie verloren. Es gibt keinen Weg, sie zurückzuholen.

Kryptowährungen fördern die Pyramidensysteme und sind vielleicht selbst ein Pyramidensystem. Dabei spricht selbst der Bundesgerichtshof, das höchste deutsche Gericht im Privatrecht, im Hinblick auf Pyramidensysteme von einem Sumpf, der trockengelegt werden muss. Staaten werden also diesem Treiben schon aus diesem Grund nicht ewig zusehen.

Damit nicht genug sind Kryptowährungen eine willkommene Hilfe für kriminelle Organisationen. Damit lassen sich Schmuggelgewinne leicht und schnell transferieren. Dies unterläuft die Geldwäschegesetze und auch hier werden die Staaten sich bald genötigt sehen, einzugreifen.

Blockchain

Die Community der Kryptowährungen scheint beständig zuzunehmen. In Wahrheit aber bringen die Bewegungen der Währungen erhebliche Preisschwankungen. Das allein ist schon ein Beweis genug, dass die Community nicht groß sein kann, denn sonst hätten einzelne Aktionen nicht derartige Auswirkungen. Schlimmer noch. Händler, die bereits Bitcoins akzeptierten, steigen aus diesem System wieder aus. Die Währungsschwankungen machen die Coins als Zahlungsmittel einfach zu unberechenbar.

Im Moment sind die Kryptowährungen eine Spielerei und ein Spekulationsobjekt. Interessant wird es, wenn Leute anfangen, ihre Coins auf den Markt zu werfen, um die hohen Gewinne aus den Kurssteigerungen zu verbuchen. Dann werden die Kurse schnell nach unten gehen. In einem solchen Fall haben die Teilnehmer an diesen Währungen aber keine Motivation mehr, die Währungen noch länger zu halten. Sie werden sich also daraus verabschieden, was eine Todesspirale in Gang bringt. Von den sinkenden Preisen enttäuscht, werden mehr und mehr Leute ihre Coins verkaufen. Dies wird die Preise noch mehr drücken, bis noch mehr Leute ihre Coins verkaufen und damit die Preise noch weiter nach unten verschieben. Das geht so weiter, bis niemand mehr die Währung haben will und sie ganz einfach erledigt ist.

Sollte keines dieser Szenarien eintreffen, dann werden die Währungen ihr natürliches Ende finden, wenn entweder der Aufwand für das Mining zu groß wird oder aber alle Coins geschürft sind. Dann verabschieden sich die Miner und ohne Miner können die Blockchain und ihr jeweiliger Coin nicht überleben.

Die Blockchain selbst wird überleben, weil sie sinnvolle Anwendungsmöglichkeiten bildet. Sie wird, von dem Mining und den Coins getrennt, in großen IT-Systemen und Netzwerken einen großartigen Beitrag leisten. Die Kryptowährungen dagegen werden eines Tages eine nach der anderen oder alle zusammen verschwinden. Das wird sich damit entscheiden, wer den Anfang macht. Stirbt eine kleine Währung zuerst, dann folgen die anderen nach und nach. Erwischt es aber den Bitcoin oder den Ethereum als Ersten, dann ist der Dominoeffekt da und alle anderen springen mit ins Grab. So oder so, die Kryptowährungen sind nicht die Währungen der Zukunft. Sie sind nicht einmal jetzt Währungen und sie werden nie eine Währung sein.

Sollte man deswegen die Finger von den Währungen lassen? Nicht unbedingt. Man muss sich nur bewusst sein, dass der Abgrund kommt. Bis dahin gibt es eine Menge Strategien, die man sich von Daytradern im Aktiengeschäft abschauen kann und mit denen man ganz einfach jeden Tag einen kleinen Profit einfährt. Wenn dann der Tag kommt, an dem sich die Coins verabschieden, hat man schon seinen Profit gemacht.

www.ingramcontent.com/pod-product-compliance
Lightning Source LLC
LaVergne TN
LVHW052312060326
832902LV00021B/3844